Willi Gerns, Robert Steigerwald

Für eine sozialistische Bundesrepublik

Fragen und Antworten
zur Strategie und Taktik
der DKP

Verlag
Marxistische Blätter
Frankfurt am Main 1976

©1976 Verlag Marxistische Blätter GmbH
Heddernheimer Landstraße 78 a, 6000 Frankfurt am Main 50
Alle Rechte vorbehalten
Druck: Plambeck & Co Druck und Verlag GmbH, Neuss
Umschlaggestaltung: Nikolaus Ghesquière
ISBN 3-88012-466-3
Mak 109

Inhalt

Vorbemerkung

Das nachfolgende Interview greift zum Teil zurück auf Fragen, die vor einigen Jahren in einem Gespräch von Jürgen Bodelle mit den Autoren angeschnitten wurden. Das Interview erschien damals in zwei Auflagen im Freimut-Duwe-Verlag, Westberlin. Im nachfolgenden Taschenbuch werden die damals behandelten Fragen entsprechend der neu herangereiften Bedingungen bearbeitet, die Antworten vertieft und eine größere Anzahl neuer Fragen gestellt und beantwortet, die sich in der gegenwärtigen Diskussion um die Strategie und Taktik der Arbeiterbewegung ergeben. Es handelt sich unter anderem um Fragen des Komplexes Sozialismus und Freiheit, also etwa um das Problem der individuellen und kollektiven Freiheiten im Sozialismus, um Pluralismus, Abwählbarkeit, Streikrecht, Freiheit des künstlerischen Ausdrucks, um nur einige zu nennen. Die Fragen wurden des öfteren bewußt so gestellt, wie das im politischen Alltag geschieht, also nicht in die Form gebracht, die etwa ein DKP-Mitglied wählen würde.

Der Verlag

Unser Land braucht den Sozialismus

Im Bericht an den Bonner Parteitag der DKP gibt es ein besonderes Kapitel über den Sozialismus. Bedeutet dies eine Änderung der Politik der DKP? Orientiert sie jetzt auf den Sozialismus als unmittelbare Tagesaufgabe?

Nichts spricht für eine solche Annahme. Die DKP ist die kommunistische Partei in der Bundesrepublik. Unsere Politik war und bleibt darum stets am Ziel des Sozialismus/Kommunismus ausgerichtet. Dieses Ziel wurde 1968, bei der Konstituierung der DKP als legaler kommunistischer Partei in der Bundesrepublik, in ihrer ersten Veröffentlichung formuliert. Es findet sich in der Grundsatzerklärung des Essener Parteitags von 1969, in den Thesen des Düsseldorfer Parteitags von 1971, im Bericht des Hamburger Parteitags von 1973. Wobei besonders in den Thesen des Düsseldorfer Parteitags eine prinzipielle Begründung für die Notwendigkeit des Sozialismus gegeben und die unverzichtbaren Grundkriterien des Sozialismus genannt werden. Es gibt also eine unverkennbare Kontinuität über alle Parteitage hinweg.

Wenn es um die Besonderheit des Bonner Parteitags auf diesem Gebiet geht, so betonen wir allerdings unser sozialistisches Ziel vor dem Hintergrund der sich weiter verschärfenden allgemeinen Krise des Kapitalismus und der zyklischen Krise noch stärker als sonst. Das arbeitende Volk unseres Landes zahlt einen hohen Preis für die Fortexistenz des Kapitalismus. Dafür genügt ein Vergleich mit der sozialistischen Deutschen Demokratischen Republik:

In der Bundesrepublik sind bereits seit zwei Jahren ein bis zwei Millionen Arbeiter und Angestellte zur Arbeitslosigkeit und Kurzarbeit verurteilt. Besonders schwer ist die Lage der Jugendlichen. Hunderttausende junger Menschen finden keine Lehrstelle oder müssen ihren Weg ins Leben gar als Arbeitslose beginnen. In der sozialistischen DDR gibt es keine Arbeitslosigkeit. Dort fehlen Arbeitskräfte. Für jeden jungen Menschen stehen qualifizierte Ausbildungsplätze zur Verfügung. Arbeitslosigkeit und Lehrstellenmangel, das ist der

Preis, den die Arbeiterklasse und die arbeitende Jugend der BRD für den Kapitalismus zahlen muß.

In der Bundesrepublik werden die Preise, Mieten und Tarife von den Monopolen und ihrem Staat immer weiter in die Höhe getrieben. Zusammen mit den steigenden Steuern und Sozialbeiträgen haben sie in den letzten Jahren die geringen Nominallohnerhöhungen nicht nur aufgezehrt, sondern die Reallöhne der Arbeiter und Angestellten trotz enorm gestiegener Arbeitsleistung vermindert. In der sozialistischen DDR dagegen sind und bleiben die Verbraucherpreise stabil, die Löhne und Sozialleistungen werden entsprechend der Erweiterung der volkswirtschaftlichen Möglichkeiten kontinuierlich und planmäßig erhöht. Inflationistische Entwertung der Löhne und Gehälter, der Renten und kleinen Sparguthaben, das ist der Preis, den die große Masse des Volkes der Bundesrepublik für den Kapitalismus zahlen muß.

Die durch die Krise brachliegenden Produktionskapazitäten in der Bundesrepublik haben allein 1975 einen Produktionsverlust von mehr als 100 Milliarden DM bedeutet. In einer sozialistischen Bundesrepublik, in der es keine kapitalistischen Krisen gäbe, hätten diese gewaltigen Mittel für höhere Löhne und Renten, für Aufgaben im Bildungswesen, im Gesundheits- und Verkehrswesen, im Wohnungsbau und für andere notwendige Verbesserungen des Lebens der Bevölkerung zur Verfügung gestanden. Der Verzicht auf diese Verbesserungen und die Vertiefung der Misere in diesen Bereichen, das ist der Preis, den die Werktätigen unseres Landes für den Kapitalismus bezahlen müssen.

In der Bundesrepublik wird die Lage im Bildungswesen immer unerträglicher. Überfüllte Klassen, Ausfall von Zehntausenden von Unterrichtsstunden, zu gleicher Zeit arbeitslose Lehrer, Verzicht selbst auf nur organisatorische Reformen auf dem Gebiet des Schulsystems, wachsende Tendenzen der Rückkehr zum alten Drei-Stufen-Schulsystem u. ä. ist an der Tagesordnung. Während in der DDR jedes Kind eine mindestens zehnklassige Schule besucht, entspricht der heutige Ausbildungsstand der Masse der Schüler in der BRD, der Hauptschüler, nicht einmal mehr den Anforderungen des ganz normalen kapitalistischen Konkurrenzkampfes. Während in der sozialistischen DDR den Kindern alle Möglichkeiten geboten werden, um ihre Fähigkeiten und Talente frei zu entfalten, zahlt die Jugend der Bundesrepublik mit der Bildungsmisere für die Fortexistenz des Kapitalismus in unserem Lande.

Wohin wir also auch schauen, überall bestätigt sich anschaulich die Aussage des Bonner Parteitags über die Notwendigkeit des Sozialismus (vgl. Bericht des Parteivorstandes der DKP an den Bonner Parteitag, S. 67 ff.).

Unser Volk braucht den Sozialismus, damit sich die Wirtschaft kontinuierlich entwickeln und endlich in den Dienst der immer besseren Befriedigung der materiellen und kulturellen Lebensbedürfnisse der Arbeitenden gestellt werden kann. Gerade in der hochindustrialisierten Bundesrepublik sind doch inzwischen die kapitalistischen Eigentumsverhältnisse offensichtlicher denn je zu einer großen Fessel für den gesellschaftlichen Fortschritt geworden. Die großkapitalistischen Eigentumsverhältnisse bedeuten soziale Unsicherheit, Inflation und immer härtere Krisen mit Massenarbeitslosigkeit und Zukunftsangst. Nur die mit der sozialistischen Umgestaltung einhergehende Überführung der entscheidenden Produktionsmittel in die Hand des Volkes kann diesen unerträglichen Zuständen ein Ende setzen. Nur der Sozialismus kann die Fesseln sprengen, die jetzt eine planmäßige und kontinuierliche Wirtschaftsentwicklung, stabile Preise und Sicherheit der Arbeitsplätze verhindern. Sozialismus ist gleichbedeutend mit sozialer Sicherheit, und jeder kann es sich selbst ausrechnen, wie wohltuend dies für unser Land wäre. Die Bundesrepublik ist ein reiches Land. Sie verfügt schon längst über alle wirtschaftlichen Voraussetzungen, daß niemand mehr Not zu leiden brauchte. Welche großartigen Perspektiven könnten sich eröffnen, wenn dieser Reichtum nicht mehr in die Hände einiger weniger wandern, wenn seine Mehrung nicht mehr durch kapitalistische Wirtschaftskrisen unterbrochen, wenn er allein und ausschließlich dem arbeitenden Volk zugute kommen würde!

Unser Volk braucht den Sozialismus, damit es endlich in den Genuß sozialer Gerechtigkeit kommt, damit es in wirklicher Freiheit leben kann. Das ist doch eines der größten Übel der kapitalistischen Ordnung: Die Millionen Arbeiter und Angestellten, die Bauern, die Geistesschaffenden und die anderen Werktätigen produzieren riesige Werte. Aber die Früchte ihres Fleißes eignen sich ein paar Konzernherren an, eine Handvoll Leute, die alles nach ihren egoistischen Klasseninteressen bestimmen. Nur der Sozialismus schafft diese unerträgliche Ungerechtigkeit aus der Welt. In einer sozialistischen Bundesrepublik braucht die Arbeiterklasse nicht mehr um Mitbestimmung zu kämpfen. Sie würde selbst bestimmen. Und das könnte nur gut für das ganze werktätige Volk sein.

Unser Volk braucht den Sozialismus nicht zuletzt, damit es in dauerhaftem Frieden leben kann. Solange bei uns noch das Großkapital, das in diesem Jahrhundert schon zwei Weltkriege verschuldete, den Ton angibt, solange sind trotz der internationalen Entspannung niemals jähe politische Wendungen auszuschließen, müssen wir immer mit Rückfällen in den kalten Krieg und mit der Gefahr militärischer Abenteuer rechnen. Erst wenn die Arbeiterklasse, die überwältigende Mehrheit unseres Volkes, den sozialistischen Weg einschlägt, wenn die Macht im Staate und die entscheidenden Produktionsmittel dem arbeitenden Volk selbst gehören, sind die Quellen von Kriegsdrohung und Krieg endgültig versiegt. Dann gibt es niemand mehr, der an Rüstung und Kriegsvorbereitung verdient. Dann regieren ganz allein die Interessen der einfachen Leute, die seit eh und je den Frieden wollen und brauchen. Sozialismus und Frieden gehören zusammen. Und eine sozialistische Bundesrepublik wird – genauso, wie das heute die sozialistische Staatengemeinschaft ist – ein Hort des Friedens sein.

Zugleich jedoch hat Herbert Mies auf dem Bonner Parteitag erklärt: „Unter Berücksichtigung der heutigen Bedingungen meinen wir allerdings unverändert, daß der Kampf um eine antimonopolistische Demokratie, in der die Macht der Monopole gebrochen ist, am besten geeignet ist, unserem Land den Weg zum Sozialismus zu öffnen."

Warum antimonopolistische Demokratie?

Die DKP unterstreicht also, daß der Imperialismus überreif zur Ablösung durch den Sozialismus ist. Manche Kritiker der Politik der DKP ziehen aus dieser Einschätzung die Folgerung, daß nur noch eine „reine" antikapitalistische Strategie befolgt werden dürfte, daß jeder Kampf um Demokratie „nur noch Betrug oder Illusion" sei, die DKP nur dem Druck des KPD-Verbots nachgegeben und ihre Politik opportunistisch diesem Druck angepaßt habe.

Zunächst müssen wir klären, was die Feststellung bedeutet, daß der Imperialismus reif für die Ablösung durch den Sozialismus ist. Marx, Engels und Lenin haben immer zwei Seiten im Auge gehabt, die objektiven und subjektiven Voraussetzungen für den erfolgreichen Kampf um den Sozialismus. Was die objektiven Voraussetzungen angeht, ist die Bundesrepublik mit dem hohen Entwicklungsstand der Produktivkräfte, mit dem Grad der Konzentration der Produktion in Großbetrieben, mit der engen Verflechtung der Betriebe und Produktionszweige untereinander, mit der Notwendigkeit immer stärkerer Eingriffe des Staates in den Wirtschaftsablauf in der Tat nicht nur reif, sondern überreif für den Sozialismus.

Zugleich haben die Klassiker des Marxismus jedoch immer betont, daß es keine automatische Entwicklung zum Sozialismus gibt. Bekanntlich haben sie schon im „Manifest der Kommunistischen Partei" den Totengräber des Kapitalismus beim Namen genannt: die Arbeiterklasse. Es müssen also auch subjektive Bedingungen für die Überwindung des Kapitalismus erfüllt sein.

Es geht dabei vor allem um die Frage des Bewußtseins, der Kampfbereitschaft, der Organisiertheit dieses Totengräbers, d. h. der Arbeiterklasse. „Wo es sich um eine vollständige Umgestaltung der gesellschaftlichen Organisation handelt, da müssen die Massen selbst mit dabei sein, selbst schon begriffen haben, worum es sich handelt, für was sie mit Leib und Leben eintreten sollen" (Friedrich Engels, Einleitung zu Marx' „Klassenkämpfe in Frankreich", in: Marx/Engels, Werke, Band 22, Berlin 1963. S. 523).

Diese Worte schrieb Friedrich Engels kurz vor seinem Tode. Nun, wie steht es um die von ihm genannten Bedingungen für den subjektiven Faktor im Kampf um den Sozialismus? Jeder, der nüchtern ist, der mit den Beinen auf dem Boden steht, weiß, daß die Mehrheit der Arbeiterklasse bei uns gegenwärtig noch nicht bereit ist, sich mit „Leib und Leben" für den Sozialismus einzusetzen, sondern weitgehend unter dem Einfluß der rechtssozialdemokratischen Ideologie und Politik und zu einem nicht unbeträchtlichen Teil sogar unter dem Einfluß der sozialen und nationalen Demagogie der CDU/CSU steht.

Unter diesen Bedingungen ist revolutionäre Politik eine solche, die von diesem Bewußtseinsstand der Klasse ausgeht, eine solche Strategie erarbeitet, die darauf abzielt, die Mehrheit der Arbeiterklasse anhand ihrer eigenen Erfahrungen im Klassenkampf an die Notwendigkeit des Sozialismus und des Kampfes für den Sozialismus heranzuführen. Unter den konkreten Bedingungen der Bundesrepublik heute bedeutet das aber vor allem, einen antimonopolistischen Kampf zu führen.

Denn es stellt sich doch auch die Frage, was heute und hier unter den konkreten gesellschaftlichen Bedingungen der Bundesrepublik antikapitalistisch heißt. Mit was für einem Kapitalismus haben wir es denn zu tun? Ist dies etwa noch der Kapitalismus der freien Konkurrenz? Ist der Staat noch im Sinne des frühen Liberalismus nur „Nachtwächter", der im Wirtschaftsablauf kaum eine Rolle spielte? Ist der heutige Kapitalismus nicht vielmehr monopolistischer Kapitalismus? Wird der heutige Kapitalismus nicht dadurch gekennzeichnet, daß produktions- und marktbeherrschende Unternehmen (Monopole) das wirtschaftliche Leben bestimmen und mittels ihrer wirtschaftlichen Macht auch den entscheidenden politischen Einfluß ausüben? Ist die Lage nicht dadurch gekennzeichnet, daß sich auf der Grundlage der Verschärfung der inneren Widersprüche des Kapitalismus und der Auseinandersetzung mit dem sozialistischen Weltsystem die Monopole und ihr Staat zu einem einheitlichen, alle Bereiche des gesellschaftlichen Lebens umfassenden Herrschaftsmechanismus vereinigt haben? Bedeutet unter diesen Bedingungen eine antikapitalistische Strategie nicht konkret antimonopolistische Strategie, d. h. den Kampf zu führen gegen dieses staatsmonopolistische Herrschaftssystem? Bedeutet nicht die Abstraktion von diesem konkreten Inhalt antikapitalistischer Politik heute, im Namen des scheinbar revolutionären, antikapitalistischen Kampfes auf den wirklichen Kampf gegen den konkreten heutigen Kapitalismus zu verzichten?

Von enormer Bedeutung ist darüber hinaus die Tatsache, daß es für eine gegen das Monopolkapital ausgerichtete Politik schon heute bedeutende Ansätze bei so wichtigen gesellschaftlichen Gruppen und Organisationen wie den Gewerkschaften und sozialreformerischen Kräften in der SPD gibt. Die Forderungen des DGB-Grundsatzprogramms nach Mitbestimmung, nach Überführung von Schlüsselindustrien in Gemeineigentum, nach demokratischer Rahmenplanung, nach Investitionslenkung und ähnlich lautende Forderungen z. B. der Jungsozialisten sind ja – obwohl sie von manchen jungen Sozialisten als schlechthin antikapitalistische Politik verstanden werden – ihrem Wesen nach gegen das Monopolkapital und noch nicht gegen den Kapitalismus als Gesamtsystem gerichtet. Auch demokratische Forderungen in anderen gesellschaftspolitischen Bereichen, die von den Gewerkschaften und anderen Kräften erhoben werden, sind noch nicht generell antikapitalistisch, sondern – dem Wesen der Sache nach – antimonopolistische Forderungen.

Die Praxis des tagtäglichen Klassenkampfes verweist uns also auf die Notwendigkeit des antimonopolistischen Kampfes.

Was den Kampf um die Demokratie angeht, so zeigt die geschichtliche Erfahrung der letzten 150 Jahre, daß es keinen demokratischen Fortschritt gegeben hat, der nicht von der Arbeiterklasse errungen worden wäre. Kein einziges demokratisches Recht wurde den Arbeitern geschenkt. Jeder Schritt nach vorn mußte und muß im harten Kampf gegen die Reaktion durchgesetzt werden, z. B. gegen jene Kräfte, die Hitler in den Sattel gehoben haben und heute mit der verlogenen Losung „Freiheit oder Sozialismus" hausieren gehen. Es war die Arbeiterklasse, die in einer Revolution ganz elementare bürgerlich-demokratische Rechte, wie das allgemeine, gleiche, freie Wahlrecht durchsetzen mußte. Es war die Arbeiterklasse, die von Anfang an, organisiert, am entschiedensten und mit den größten Opfern den Kampf gegen den Faschismus geführt hat. Der Marxismus mißt also dem Ringen um demokratische Rechte und Freiheiten für das werktätige Volk stets eine außerordentlich große Bedeutung bei. Für Marxismus steht das Eintreten für die Verteidigung und Erweiterung der demokratischen Rechte und Freiheiten zugleich im unmittelbaren Zusammenhang mit dem Kampf um das sozialistische Ziel. Marx, Engels, Lenin (man denke etwa an seinen Kampf auch gegen Trotzki) haben stets jene Ultralinken auf das heftigste bekämpft, die unübersteigbare chinesische Mauern zwischen dem Kampf um Demokratie und Sozialismus errichten wollten. Die Bedeutung des Kampfes um Demokratie für den Kampf um den Sozialismus ergibt sich unter den Bedingungen des Monopolkapitals noch zwingender, weil sich – wie Lenin nachwies – aus dem Wesen des Monopolkapitals die Beschränkung der Demokratie, die Tendenz zur Reaktion ergibt. Aggression nach außen, Reaktion nach innen, schrieb Lenin, das ist das Wesen des Imperialismus (vgl. Lenin, Werke, Bd. 23, S. 34).

Was nun die Frage angeht, daß wir angeblich unter dem Druck des KPD-Verbots opportunistische Zugeständnisse gemacht hätten, so möchten wir dazu folgendes sagen: Natürlich soll uns der Druck treffen. Aber wir halten unsere Gegner nicht für dumm. Sie wissen, daß ihr Druck die Kommunisten, die nicht vor Hitler kapitulierten, von ihren richtigen Überzeugungen nicht abbringen wird. Das zeigt z. B. auch der mutige, konsequente Kampf unserer jungen, vom Berufsverbot betroffenen Genossen. Der Druck ist, so meinen wir, weit mehr gezielt auf jene Kräfte, die noch nicht bei uns sind, die am Rande der Partei stehen. Das haben die Einpeitscher der Berufsverbote ja deutlich genug gesagt: Sie wollen uns damit isolieren.

Die DKP hat weder dem Druck von rechts noch von „ultralinks" nachgegeben. Wir haben unsere Politik ausgearbeitet auf der Grundlage der Theorie von Marx, Engels und Lenin, ausgehend von der Realität in der Bundesrepublik und den internationalen Kampfbedingungen, wobei wir nicht zuletzt auch den konkreten Bewußtseinsstand der „Adressaten" unserer Politik beachten. Unsere Politik ist folglich weder systemerhaltend-reformistisch noch systemerhaltend-sektiererisch. Es handelt sich um den auf die konkreten Bedingungen unseres Landes angewandten Marxismus, nicht um einen „Marxismus" des weltfremden „revolutionären" Wortgeklingels.

Manche Gegner der DKP unterstellen trotzdem, daß unter den heutigen Bedingungen die elementaren Kampferfahrungen der Massen unmittelbar an die Erkenntnis der Notwendigkeit der Überwindung des Kapitalismus durch den Sozialismus heranführen. Die Politik des Kampfes um eine antimonopolistische Demokratie auf dem Wege zum Sozialismus wird darum nur als „Trick" der DKP zur Gewinnung des erstrebten breiten Volksbündnisses angesehen.

Hier kann man mit Engels antworten: Die schlagendste Widerlegung all solcher Schrullen ist die Praxis. Die Erfahrungen des praktischen Klassenkampfs zeigen, daß dieser die Arbeiter in der Regel zunächst an die Notwendigkeit des Kampfes gegen das Monopolkapital und nicht schon unmittelbar an die Frage der endgültigen Überwindung des Kapitalismus heranführt.

So war es zweifellos für die Arbeiter, die 1971 während des baden-württembergischen Metallarbeiterstreiks von Flick, Schleyer usw. ausgesperrt worden sind, viel leichter zu begreifen, daß man deren Macht brechen, also die Macht des Monopolkapitals einschränken und überwinden muß, als daß die ganze kapitalistische Ordnung von der Tagesordnung der Geschichte gestrichen werden muß, in der nicht wenige auch von diesen Arbeitern glauben, trotz aller Probleme nicht schlecht leben zu können.

Die Erkenntnis, daß die Monopole der Hauptfeind sind, findet auch darin ihren Ausdruck, daß die baden-württembergischen Metallarbeiter bei ihrer großen Kundgebung in Stuttgart nicht unter der Losung marschierten: „Brecht die Macht des Kapitals", sondern unter derjenigen: „Brecht die Macht der Monopole!"

In dem Maße, wie in der Arbeiterklasse sich das Bewußtsein vertieft, daß dieser Kampf gegen das Monopolkapital notwendig ist, wird auch die Erkenntnis wachsen, daß man um so erfolgreicher kämpft, je mehr es gelingt, alle Kräfte in diesen Kampf einzubeziehen, die objektiv in Widerspruch zum Monopolkapital geraten. Die Losung „Viel Feind, viel Ehr" war niemals eine solche der revolutionären Arbeiterbewegung, sondern die von wildgewordenen Kleinbürgern. Darum war und ist Bündnispolitik ein untrennbarer Bestandteil der Strategie und Taktik der Arbeiterbewegung. Wer sie als Trick abtut, erschwert den Kampf der Arbeiterbewegung gegen das Monopolkapital, hilft, ob er das will oder nicht, direkt dem kapitalistischen System bei der Durchsetzung seiner alten Taktik des „teile und herrsche"!

Der gegenwärtige Bewußtseinsstand der arbeitenden Klasse in der Bundesrepublik entspricht noch nicht ihrer geschichtlichen Aufgabe als revolutionärer Hauptkraft. Deshalb ist es unter den gegenwärtigen Bedingungen notwendig, die Massen über den vermittelnden Kampf um antimonopolistische Demokratie an die Erkenntnis von der Notwendigkeit des Sozialismus heranzuführen. In Frankreich z. B. ist jedoch das Klassenbewußtsein ungleich höher entwickelt, dennoch geht es dort um den gleichen Weg?

Die französischen Kommunisten gehen davon aus, daß sie es auch in ihrem Lande mit staatsmonopolistischem Kapitalismus zu tun haben; weshalb sich auch für sie die Notwendigkeit eines breiten antimonopolistischen Bündnisses ergibt. Gerade darauf ist die Politik der FKP, z. B. auch das „Gemeinsame Regierungsprogramm" gerichtet. Es darf nicht übersehen werden, daß es darum geht, die überwiegende Mehrheit der Arbeiterklasse und der übrigen Werktätigen für den Kampf um den Sozialismus zu gewinnen. Das bleibt aber, ungeachtet der großen Erfolge, die die französische Arbeiterbewegung erzielt hat, auch dort noch die Aufgabe.

Entspricht es der Tatsache, was Gegner der DKP behaupten, daß sie aus den Bedingungen des heutigen staatsmonopolistischen Kapitalismus eine gesetzmäßige Notwendigkeit ableitet, daß der Weg zum Sozialismus über eine antimonopolistische Demokratie führe?

Dazu ist zu sagen, daß sich bei der antimonopolistischen Demokratie nicht um eine gesetzmäßige Notwendigkeit handelt und die DKP das selbstverständlich auch niemals erklärt hat. Gesetzmäßig notwendig ist der Übergang vom Kapitalismus zum Sozialismus. Wie sich dieser Übergang vollzieht, hängt von den konkreten Bedingungen des Klassenkampfes ab. Ausgehend von den heutigen Bedingungen des Klassenkampfes, ist die DKP der Ansicht, daß der Kampf der Arbeiterklasse und der anderen demokratischen Kräfte um eine antimonopolistische Demokratie am besten geeignet ist, den Weg zum Sozialismus zu öffnen.
Diese Bedingungen des Klassenkampfes verändern sich. Aber als Kommunisten können wir unsere Politik nicht auf Spekulationen darüber gründen, wie irgendwann einmal diese Bedingungen aussehen werden. Wir müssen von den heutigen Bedingungen ausgehen.
Für einen sozialistischen Politiker stellen sich die Fragen unter den jeweiligen konkreten Bedingungen des Klassenkampfes stets so: Wer ist der entscheidende Gegner? Über welche Kräfte verfügt er? Die Arbeiterklasse ist die Hauptkraft gegen ihn. Wie kann ihr Bewußtsein, ihre Kampfbereitschaft entwickelt werden? Welche Verbündeten müssen in den Kampf einbezogen werden, um den Gegner zu schwächen, seine Macht überwinden zu können?

Ich möchte noch einmal an eine ähnliche Frage anknüpfen: Wenn die Monopolmacht der Kern des staatsmonopolistischen Kapitalis-

mus ist, welchen Grund gibt es dann, die Volksmehrheit erst von der Notwendigkeit der antimonopolistischen Übergangsphase und dann von der sozialistischen Revolution überzeugen zu wollen? Wird diese Ausrichtung das Bewußtwerden der breiten Mehrheit wirklich beschleunigen?

Das Wichtigste hier ist doch: Wie und aufgrund welcher Prozesse findet die Bewußtseinsentwicklung statt? Welche Übergangsstufen, Vermittlungsglieder gibt es? Wer vom Suchen danach ablenkt, namens scheinbar besonderer Radikalität, dessen Handeln dient doch in Wahrheit objektiv der Erhaltung des kapitalistischen Systems und nicht seiner Überwindung.

Unter welchen gesellschaftlichen Bedingungen werden sich dann antimonopolistische Erkenntnisse der Massen zu einem sozialistischen Bewußtsein konkretisieren? Die Quellen für die Entwicklung sozialistischen Bewußtseins sind doch vielfältiger Art. Auf jeden Fall wird der Hauptweg der weiteren Entwicklung des Bewußtseins der Massen derjenige der Gewinnung von Erfahrungen im praktischen antimonopolistischen Kampf sein. Dieser praktische antimonopolistische Kampf wird an die Einsicht heranführen, daß für die wirkliche Lösung der das arbeitende Volk bewegenden Fragen letztlich die sozialistische Gesellschaftsordnung notwendig ist. Wie es sich beim Kampf um antimonopolistische Demokratie und Sozialismus um einen einheitlichen revolutionären Prozeß des Übergangs vom Kapitalismus zum Sozialismus handelt, so handelt es sich auch bei der Herausbildung des sozialistischen Bewußtseins um einen einheitlichen Prozeß.

In welcher Weise werden die Arbeiterklasse, ihre Organisationen und ihre Partei auf dem Feld des ideologischen Klassenkampfes in das Ringen um antimonopolistische Demokratie eingreifen? Wird die ideologische Auseinandersetzung die Hauptseite sein?

Sowohl beim Kampf um eine antimonopolistische Demokratie als auch bei der weiteren Entwicklung zum Sozialismus handelt es sich um die Einheit aller drei Seiten des Klassenkampfes, d. h. des ökonomischen, politischen und ideologischen. Welche dieser Seiten dabei in der jeweiligen Situation in den Vordergrund rückt, hängt von den konkreten Bedingungen des Klassenkampfes ab. In erster Linie wird es ein politischer Kampf sein, der jedoch in allen seinen Stadien auch an der ideologischen Front geführt werden muß.

Zum Klasseninhalt der antimonopolistischen Demokratie

Es ist einfach, sich in Phantastereien über abstrakte „Wirtschaftsmodelle" zu verlieren. Es ist aber auch für die Gewinnung der Bevölkerungsmehrheit in der Bundesrepublik wichtig, die Zukunft so anschaulich wie möglich auszumalen. Wird nicht seitens der demokratischen Öffentlichkeit gerade von den Kommunisten Auskunft darüber verlangt, wohin der Weg gehen soll? Ist es nicht zur Sammlung aller oppositionellen Kräfte und Gruppierungen nötig, die Alternative immer konkreter, verständlicher und an den gegebenen demokratischen Stimmungen und Forderungen der arbeitenden Menschen anknüpfend zu formulieren?

Das ist unbedingt richtig. Gerade darum haben wir eine größere Anzahl konkreter Detailprogramme ausgearbeitet, für die Jugend, für die Berufsausbildung, für die Bildung, für den Sport, für den Umweltschutz, für die Kommunalpolitik, für das Miet- und Bodenrecht usw. Jedes einzelne dieser Programme haben wir öffentlich diskutiert. Wir sind ständig damit beschäftigt, diese Programme auf den neuesten Stand zu bringen.

Das wichtigste Kennzeichen aller dieser Programme ist stets die Verbindung mit dem Gesamtprogramm und der Gesamtstrategie der Partei, also mit der klaren Kennzeichnung der Hauptkräfte des Kampfes und der Hauptziele des Kampfes, der Schritte auf dem Wege zum Ziel. Wir werden das im Zusammenhang mit der Erarbeitung des Entwurfs eines Programms der DKP weiterentwickeln, der in der Partei diskutiert und dem nächsten Parteitag zur Beschlußfassung vorgelegt werden soll.

Was wir auf jeden Fall noch plastischer machen müssen, das ist die Verbindung des Kampfes um die unmittelbaren Anliegen des arbeitenden Volkes mit unseren antimonopolistischen Alternativen und mit dem Kampf um den Sozialismus. Sozialismuspropaganda erfordert dabei verstärktes Arbeiten mit den Erfolgen des realen Sozialismus. Vor allem kommt es jedoch darauf an, daß wir dem arbeitenden Volk unseres Landes deutlicher vor Augen führen, was es dafür bezahlen muß, daß wir noch unter kapitalistischen Bedingungen leben und was es für uns bedeutete, wenn unser Land sozialistisch wäre.

Es ist wichtig, die Klärung des Klassencharakters der antimonopolistischen Demokratie, die Frage nach ihrer Möglichkeit und Notwendigkeit, ihres Verhältnisses zum Sozialismus und andere theoretische Fragen zu klären. Die wichtigste Frage besteht jedoch darin, wie heute konkret der Kampf um antimonopolistische Demokratie und Sozialismus geführt werden muß, welche die wichtigsten Zugänge und Vermittlungsglieder für diesen Kampf sind. Wir möchten uns wenigstens in ein paar Sätzen dazu äußern:

Der antimonopolistische Kampf beginnt mit den unmittelbarsten, elementarsten Fragen, die die Arbeiter und die übrigen werktätigen Massen bewegen. Darum sind Zugänge für diesen Kampf Lohnbewegungen, Kampf um Arbeitsplätze und für Preisstopp, Mieteraktionen, Rote-Punkt-Aktivitäten, Bewegungen gegen Bildungsmisere, für demokratische Bildungsreform, gegen Umweltverschmutzung durch die Konzerne usw. Es ist notwendig, den Zusammenhang dieses Kampfes mit dem Ringen um antimonopolistische Demokratie und Sozialismus bewußtzumachen.

Elementare Kampferfahrungen sammeln die Arbeiter zum Beispiel im Lohnkampf. In ihren Köpfen vorhandenes sozialpartnerschaftliches Denken wird mit dem profitegoistischen Verhalten der Unternehmer konfrontiert, die den Arbeitern notwendige Lohnerhöhungen trotz hoher Profite vorenthalten, nach der Polizei rufen, um Streikbrecher zu schützen oder um, wie in Baden-Württemberg oder im Druckarbeiterstreik 1976, den lieben „Sozialpartner" auszusperren.

Arbeiter sammeln Erfahrungen über die Rolle der „freien Presse", die pausenlos die Unternehmerargumente gegen die Arbeiter vertritt, und über den „demokratischen" Staat, der angeblich über den Klassen steht, in Wirklichkeit jedoch mit seinem Zwangsapparat und mit dem Versuch, die Gewerkschaften an staatliche Lohnleitlinien zu binden, einseitig im Interesse des Kapitals in die Auseinandersetzungen eingreift.

Eine der elementarsten Erfahrungen, die jeder Arbeiter und jede Arbeiterfrau im Zusammenhang mit Lohnkämpfen sammelt, besteht darin, daß ein beträchtlicher Teil der erkämpften Lohnerhöhungen immer wieder durch Preissteigerungen und Steuererhöhungen zunichte gemacht wird. Hier können und müssen Sozialisten anknüpfen, um die Erkenntnis bei den Arbeitern zu wecken, daß der Lohnkampf, so wichtig er ist, allein nicht ausreicht, daß es notwendig ist, gleichzeitig den Kampf z. B. um die Verwirklichung der alten gewerkschaftlichen Forderung nach „gläsernen Taschen", d. h. nach Einsicht in die tatsächliche Profitsituation der Unternehmen zu führen, um so neue Impulse für den Kampf um Lohnerhöhungen und gegen Preistreiberei zu erhalten.

Wenn man der Preistreiberei Schranken setzen will, dann muß man den Kampf um die Verwirklichung einer antimonopolistischen Mitbestimmung führen, die nicht sozialpartnerschaftliches Aushängeschild ist, sondern Mitbestimmung über alle wirtschaftlichen Fragen, über Investitionen, Gewinnverteilung, Preispolitik und anderes einschließt, die tatsächliche Eingriffe der Arbeiter in die Profitsphäre des Kapitals ermöglicht.

Aus den Erfahrungen der Preistreiberei kann auch die antimonopolistische Forderung nach der Überführung der Schlüsselindustrien und großen Konzerne in öffentliches Eigentum bei demokratischer Kontrolle durch die Arbeiter und ihre Organisationen begründet werden, denn es wird eben deutlich, daß die großen Konzerne die Zentren des Preisdiktats sind, ihre Macht muß zurückgedrängt und überwunden werden, wenn man ihrem Preisdiktat Einhalt gebieten will.

Die Erfahrungen mit der Rolle des monopolkapitalistischen Staates als Vorreiter von Preissteigerungen, als Beschützer der großkapitalistischen Preistreiberei oder als derjenige, der durch seine arbeiterfeindliche Steuerpolitik einen beträchtlichen Teil der Lohnerhöhungen im Interesse des Großkapitals in die Staatskasse eintreibt, schafft zugleich Ansatzpunkte, um die Erkenntnis zu vermitteln, daß es notwendig ist, auch auf der politischen Ebene tiefgehende Veränderungen zugunsten der Arbeiter durchzusetzen.

Ähnliche Ansätze ergeben sich im Kampf gegen die Umweltverschmutzung durch die Konzerne, für Veränderungen im Bildungswesen, für die Verteidigung demokratischer Rechte und Freiheiten und so weiter und so fort. Stets richtet sich dieser Kampf in erster Linie gegen die produktions- und marktbeherrschenden Unternehmen, gegen die Monopole und ihre Macht. Sie sind der Hauptfeind. Darum ist das aus unseren heutigen Kampfbedingungen hervorgehende konkrete Ziel der Kampf gegen die Monopole, um die

Zurückdrängung und die Überwindung ihrer Macht, um eine antimonopolistische Demokratie. Sie ist die für die Massen der Arbeiter verständlichere, greifbarere, ihrem Bewußtsein und ihren Erfahrungen zunächst entsprechende Alternative.

Wir halten es für unbedingt notwendig, in jeder konkreten Situation in der Bundesrepublik solche, den arbeitenden Massen unseres Landes unmittelbar auf den Nägeln brennenden Fragen zum Ausgangspunkt revolutionärer Politik zu nehmen.

Die DKP und die politische Macht
der Arbeiterklasse

Nun fragen manche, wie es zu erklären ist, daß die DKP nicht den Begriff der Diktatur des Proletariats in ihrer Programmatik verwendet.

Wir haben das Problem der politischen Macht durch die Forderung nach der politischen Macht der Arbeiterklasse im Bündnis mit den übrigen Werktätigen hinlänglich geklärt. Wir verstehen die politische Macht der Arbeiterklasse im Sinne von Marx, Engels und Lenin als die Herrschaft der überwältigenden Mehrheit des Volkes, als tatsächliche Volkssouveränität, als Demokratie für das Volk.

Es darf aber nicht vergessen werden, daß es wohl keinen anderen politischen Begriff gibt, der von den bürgerlichen Ideologen, den Verteidigern der Diktatur des Großkapitals, mehr entstellt wurde und mit dem sie mehr Schindluder treiben, als mit dem Begriff Diktatur des Proletariats. Unter dem Einfluß der bürgerlichen Massenmedien verbinden die Arbeiter unseres Landes mit dem Begriff Diktatur Unterdrückungsmaßnahmen wie in der Zeit des Faschismus. Die marxistische These, daß jeder, auch der demokratischste Staat, die politische Herrschaft einer Klasse, d. h. die Diktatur einer Klasse ist, setzt Kenntnisse des Marxismus voraus, die bei der überwältigenden Mehrheit der Arbeiter unseres Landes nicht im entferntesten vorhanden sind.

Das leichtfertige Herumwerfen mit dem Begriff Diktatur durch die Maoisten in der Bundesrepublik ist ein Ausdruck scheinrevolutionärer Phraseologie und ein zusätzlicher Beweis für die Tatsache, daß sie durch eine Chinesische Mauer von den Arbeitermassen in unserem Lande, von ihrem Bewußtsein getrennt sind. Mehr noch, die Maoisten zeigen immer wieder, daß sie das Wesen der Arbeitermacht als breitentfaltete Demokratie für die Arbeiterklasse und die übrigen Werktätigen, d. h. für die überwältigende Mehrheit des Volkes, nicht begreifen.

Der Mitbegründer des Marxismus, Friedrich Engels, hat, obwohl er sich über die wissenschaftliche Exaktheit der Formulierung Diktatur des Proletariats im klaren war, keine Bedenken gehabt gegen die Forderung nach der politischen Macht der Arbeiterklasse im Erfurter Programm der sozialdemokratischen Partei Deutschlands von 1891, also zwanzig Jahre nach der Pariser Kommune, von der Marx und Engels als einer Form der Diktatur des Proletariats sprachen.

Bei der Vereinigung von KPD und SPD zur SED im April 1946 in der damaligen sowjetischen Besatzungszone haben sich erprobte Revolutionäre wie der Kampfgefährte Ernst Thälmanns, Wilhelm Pieck, nicht gescheut, in den ,,Grundsätzen und Zielen der Sozialistischen Einheitspartei Deutschlands" zu formulieren: ,,Die grundlegende Voraussetzung zur Errichtung der sozialistischen Gesellschaftsordnung ist die Eroberung der politischen Macht durch die Arbeiterklasse. Dabei verbündet sie sich mit den übrigen Werktätigen." (Revolutionäre deutsche Parteiprogramme, Dietz Verlag, Berlin, 1967, S. 206.)

Die DKP gründet ihre ganze Tätigkeit auf die Theorie von Marx, Engels und Lenin. Sie setzt die revolutionären Traditionen der deutschen Arbeiterbewegung fort und hält unbeirrbar an ihrem sozialistischen Ziel fest. Gerade darum gilt ihr der ganze Haß des Großkapitals und seiner politischen Vertretungen.

Was bedeutet nun aber für die DKP eine antimonopolistische Demokratie, die den Weg zum Sozialismus öffnen soll?

Unsere Partei hat die Antwort auf diese Frage in den Thesen des Düsseldorfer Parteitags formuliert. Darum möchten wir es uns erlauben, aus diesen Thesen zu zitieren: ,,Eine antimonopolistische Demokratie hat die grundlegende Veränderung des politischen Kräfteverhältnisses, die Erkämpfung einer von der Arbeiterklasse geführten und gemeinsam mit allen antimonopolistischen Kräften getragenen Staatsmacht zur Voraussetzung. Durch die Übertragung der Grundstoff- und Schlüsselindustrien, der marktbeherrschenden Unternehmen, der Bankkonzerne und großen Versicherungsgesellschaften, der Pressemonopole und Kulturkonzerne in gesellschaftliches Eigentum – bei demokratischer Kontrolle durch die Arbeiterklasse, die anderen antimonopolistischen Kräfte und ihre Organisationen – wird die ökonomische Macht des Monopolka-

pitals gebrochen. In dem Maße, wie durch den Kampf der Arbeiterklasse und der anderen antimonopolistischen Kräfte der staatsmonopolistische Kapitalismus überwunden wird, werden auch die
schärfsten Formen der kapitalistischen Ausbeutung, die Ausbeutung durch die Monopole und den monopolistischen Staat beseitigt.
Die DKP geht davon aus, daß die antimonopolistische und sozialistische Umwälzung miteinander verbundene Entwicklungsstadien
in dem einheitlichen revolutionären Prozeß des Übergangs vom Kapitalismus zum Sozialismus sind. Deshalb ist der Kampf um die antimonopolistische Demokratie Bestandteil des Kampfes um den Sozialismus" (Thesen des Düsseldorfer Parteitags der DKP, These 9).

*Könnte man eine antimonopolistisch umgestaltete Bundesrepublik
etwa als kombinierte Entwicklung der politischen Formen der bürgerlichen Demokratie und einer proletarischen sozialen Bewegung
verstehen?*

Im Grunde ist diese Frage im vorangegangenen Punkt bereits eindeutig beantwortet. Fügen wir dennoch einige Bemerkungen hinzu:
Kann man politische Formen und sozialen Inhalt so trennen und
einander gegenüberstellen, wie das in dieser Fragestellung geschieht? Die Räte werden oft als proletarische Form eingeschätzt,
als ob es nicht menschewistische Räte gegeben hätte! Das Parlament
wird oft als bürgerliche Form eingeschätzt, als ob es nicht die Erfahrung der spanischen Volksfront oder die der sozialistischen Parlamente in der DDR und anderen sozialistischen Länder gäbe! Nein:
Man kann politische Formen überhaupt nur im Zusammenhang mit
ihrem konkreten sozialen Inhalt beurteilen. Auf jeden Fall ist antimonopolistische Demokratie nicht jener phantastische Wechselbalg
von bürgerlichem Überbau und halbwegs proletarischem Unterbau.
Eine antimonopolistische Demokratie wird eben auf der Grundlage
der Zurückdrängung und schließlichen Überwindung der ökonomischen und politischen Macht des Großkapitals nicht nur alle individuellen und kollektiven Freiheiten, die die werktätigen Massen in
der Geschichte den Ausbeuterklassen abgerungen haben, erhalten,
sondern ihnen vielmehr erstmals auch bei uns eine materielle Sicherung verschaffen. Sie wird zugleich völlig neue Freiheiten hinzufü-
gen, die nur möglich werden in dem Maße, wie die Freiheit des
Großkapitals zur Ausbeutung der Arbeiterklasse, zur Ausplünderung der übrigen werktätigen Massen überwunden wird. Eine anti-

monopolistische Demokratie wird also ein großer realer Schritt auf dem Wege der vollen Befreiung der arbeitenden Menschen sein, die allerdings völlig erst im Sozialismus möglich sein wird.

Die antimonopolistische Demokratie, der Kampf um sie bedeutet also nicht einfach, die bürgerliche Demokratie bürgerlich-demokratischer zu gestalten?

Keineswegs! Die bürgerliche Demokratie ist doch dadurch gekennzeichnet, daß, ganz gleich, unter welchen äußeren Formen sie praktiziert wird, ihr Inhalt in der Klassenherrschaft der Bourgeoisie besteht. Die antimonopolistische Demokratie wird dagegen dadurch gekennzeichnet, daß sie von einem Bündnis getragen wird, in dem die Arbeiterklasse bereits die führende Kraft ist.

In den Thesen des Düsseldorfer Parteitags heißt es: „Eine antimonopolistische Demokratie hat die grundlegende Veränderung des politischen Kräfteverhältnisses, die Erkämpfung einer von der Arbeiterklasse geführten und gemeinsam mit allen antimonopolistischen Kräften getragenen Staatsmacht zur Voraussetzung." Es geht also um Fragen der politischen Macht. Was versteht ihr darunter, könnt ihr das noch etwas mehr konkretisieren?

Zunächst einmal wollen wir klarstellen, daß wir unter einer neuen, unter einer antimonopolistischen Staatsmacht nicht einfach das Auswechseln dieser oder jener Personen in der Regierung verstehen. Es geht vielmehr darum, die Macht der Monopolbourgeoisie und ihrer politischen Vertretungen – oder anders ausgedrückt: der staatsmonopolistischen Oligarchie – durch die Macht eines breiten, von der Arbeiterklasse geführten antimonopolistischen Bündnisses zu ersetzen. Dazu gehört selbstverständlich eine entsprechende Veränderung in der Zusammensetzung des Parlaments, das wirklich den Volkswillen repräsentieren muß. Dazu gehört ebenso selbstverständlich, daß an die Stelle einer Regierung des Monopolkapitals eine antimonopolistische Regierung treten muß. Das genügt jedoch nicht. Eine neue Staatsmacht bedeutet mehr. Die Erfahrungen der Geschichte, darunter auch die blutigen Erfahrungen in Chile, bestätigen: Mit einer Armee, an deren Spitze Hitler-Offiziere stehen, mit Polizei-Offizieren, die auf den Einsatz gegen streikende Arbeiter, gegen demonstrierende Arbeiter, Bauern und Studenten gedrillt sind, mit Richtern, die noch immer auf dem rechten Auge blind sind, die teils noch Hitler gedient haben und heute rücksichtslos Berufsverbotsurteile gegen Kommunisten und andere Demokraten sprechen, mit den Schnüfflern vom sogenannten Verfassungsschutz, die im Interesse der Monopole verfassungswidrig demokratische Organisationen, Kommunisten, Sozialdemokraten, Gewerkschafter und andere Demokraten bespitzeln, kann man natürlich nicht die neuen demokratischen Rechte und Freiheiten der Werktätigen gegen die unvermeidlichen konterrevolutionären Machenschaften des Monopolkapitals und der in seinem Solde stehenden Kräfte durchsetzen und verteidigen.

Ist die Konzeption der antimonopolistischen Demokratie also im Sinne der Aussagen Lenins aus „Staat und Revolution" zu verstehen, daß der Staat der alten herrschenden Klasse durch einen neuen Staat total ersetzt werden muß?

Es ist sicherlich angebracht, zunächst einmal darauf aufmerksam zu machen, daß Lenin in „Staat und Revolution" die grundsätzliche Abgrenzung vom Rechtsopportunismus in der Staatsfrage vollzog. In anderen, kurze Zeit darauf folgenden Arbeiten grenzte er sich ebenso vom „linken" Opportunismus ab. Wir meinen, es ist nötig, den *ganzen* Lenin zu beachten. So hat er in seiner Schrift „Werden die Bolschewiki die Staatsmacht behaupten?" die zwei Aspekte des Staatsapparates unterschieden. Es gibt ja nicht nur den Gewaltapparat, der durch einen neuen Apparat ersetzt werden muß, sondern im heutigen Kapitalismus z. B. auch einen Apparat zur Leitung von wirtschaftlichen Prozessen. Dieser Wirtschaftslenkungsapparat muß, darauf macht Lenin aufmerksam, nicht zerschlagen, sondern unter die Kontrolle der Arbeiterklasse gestellt werden.
Diese grundsätzliche Aussage Lenins gilt unter den heutigen Bedingungen des Klassenkampfes, darunter auch unter solchen Bedingungen, daß der Weg zum Sozialismus über die Erkämpfung einer antimonopolistischen Demokratie geöffnet wird, nicht nur im gleichen Maße wie damals, sondern sogar noch mehr. Nicht nur, daß mit der Entwicklung des staatsmonopolistischen Kapitalismus auch der Apparat der Wirtschaftslenkung und der Regulierung von Wissenschaft und Forschung gewaltig gewachsen ist und an Bedeutung gewonnen hat, auch das Bildungs- und Erziehungswesen als Teil des Staatsapparates hat heute ganz andere Ausmaße angenommen. Da-

bei zeigen sich in diesen Bereichen des Staatsapparates, mit der Erweiterung ihrer Aufgaben, mit der Veränderung der sozialen Zusammensetzung ihrer Beamten und Angestellten, eine Zunahme der Widersprüche, nicht zu unterschätzende Möglichkeiten der demokratischen Einflußnahme auf die Angehörigen dieses Apparates. Gerade dem will das Monopolkapital durch Berufsverbote z. B. für Lehrer und Hochschullehrer entgegensteuern.

Wir unterscheiden uns von maoistischen Pseudo-Revolutionären, die in jedem zweiten Satz und ohne jede Differenzierung von der Zerschlagung des Staatsapparates reden, dadurch, daß wir diese Veränderungen sehr wohl beachten und das Problem der Errichtung der neuen Macht in seiner ganzen Konkretheit und in Anlehnung an die erwähnten Leninschen Ratschläge sehen. Ein antimonopolistisch-demokratischer Staat und auch der künftige sozialistische Staat braucht die demokratisch eingestellten Lehrer, Hochschullehrer und Wissenschaftler, demokratisch gesinnten Angestellten und Beamten des Verkehrswesens, des Gesundheitswesens und der anderen öffentlichen Bereiche sehr wohl und kann nicht auf sie verzichten.

Mitbestimmung – Verstaatlichung – demokratische Kontrolle

Das ökonomische Rückgrat des staatsmonopolistischen Kapitalismus sind doch benennbare Bankmonopole, Industriekonzerne und andere monopolistische Großunternehmen. Welche Konzerne und Monopolgruppen müßten im Verlaufe des Kampfes um eine antimonopolistische Demokratie der Verfügungsgewalt der Monopolbourgeoisie entrissen und den demokratischen Volkskräften unterstellt werden?

Wie aus den von uns bereits zitierten Thesen des Düsseldorfer Parteitages hervorgeht, gehen wir davon aus, daß eine antimonopolistische Demokratie ihre Grundlage in der Überwindung der ökonomischen Macht der Monopole finden muß. Das wird sich allerdings aller Wahrscheinlichkeit nach nicht in einem einzigen Schritt, sondern in einem Prozeß der Zurückdrängung und schließlichen Überwindung dieser Macht vollziehen.

Der Kampf um die Zurückdrängung der Macht der Monopole muß dabei schon heute beginnen. Wir meinen, daß dabei der Stoß vorrangig gegen jene Monopole geführt werden muß, die wir auf dem Hamburger Parteitag genannt haben. Dort forderten wir zunächst „die Verstaatlichung und demokratische Kontrolle ... der Großbanken und Versicherungskonzerne, insbesondere der drei privaten Großbanken, der Deutschen Bank, der Dresdner Bank und der Commerzbank ... die Verstaatlichung und die demokratische Kontrolle von Monopolgiganten in den entscheidenden Industriezweigen, von deren Tun und Lassen die soziale Lage, ja die Existenz großer Teile der Arbeiterschaft und die Entwicklung der Wirtschaft des Landes wesentlich bestimmt werden; ... die Verstaatlichung und die demokratische Kontrolle der Rüstungsindustrie, vor allem des Flick-Konzerns, des Haniel-Konzerns, der Degussa-Gruppe, des Röckling-Konzerns, der Gruppe Messerschmitt-Bölkow-Blohm und des VFW-Fokker-Konzerns, die den Kern des Militärindustriekomplexes unseres Landes bilden".

In diesem Zusammenhang, ebenso wie bei der Frage des Kampfes um Mitbestimmung, wird von demagogischen Gegnern der DKP oft versucht, unser konkretes Kampfprogramm zu zerreißen und zu entstellen. Sie stellen die Dinge so hin, als seien wir für die Einführung einer Mitbestimmung sozialpartnerschaftlicher Art. Sie stellen die Dinge so hin, als seien wir für eine Verstärkung des staatsmonopolistischen Kapitalismus durch Verstaatlichungsmaßnahmen.

In Wirklichkeit sieht unsere Politik völlig anders aus. Bereits in den Thesen des Düsseldorfer Parteitags haben wir erklärt: „Mitbestimmung darf kein Mittel illusionärer Sozialpartnerschaft oder ‚Klassenharmonie‘ sein. Sie muß vielmehr zur Sicherung der Arbeitsplätze und zur Verbesserung der Lebensbedingungen, als Waffe zur Einschränkung der Macht des Großkapitals benutzt werden… Mitbestimmung muß begleitet werden von anderen antimonopolistischen Reformen, wie der Überführung der Grundstoff- und Schlüsselindustrien, der Rüstungskonzerne und Großbanken in öffentliches Eigentum bei demokratischer Kontrolle durch die Arbeiterklasse und ihre Organisationen. Sie kann nur in dem Maße verwirklicht werden, wie auch das politische Kräfteverhältnis zugunsten der Arbeiterklasse verändert wird" (These 11).

Wir haben also die Forderungen nach Mitbestimmung und nach Verstaatlichung, die wir stets mit der Forderung nach demokratischer Kontrolle verbinden, in einen inneren Zusammenhang gebracht mit der Veränderung des politischen Kräfteverhältnisses zugunsten der Arbeiterklasse, also mit dem Massenkampf der Arbeiter.

Wenn wir auf dem Hamburger Parteitag die Forderung nach Verstaatlichung bei demokratischer Kontrolle für bestimmte Monopole erhoben haben, so bedeutet das nicht, daß wir uns Illusionen machen über den Charakter von Staatsunternehmen im Kapitalismus. Wir treten solchen Illusionen vielmehr entschieden entgegen.

Engels sagt schon im „Anti-Dühring": „Aber weder die Verwandlung in Aktiengesellschaften noch in Staatseigentum hebt die Kapitaleigenschaft der Produktivkräfte auf. Bei den Aktiengesellschaften liegt dies auf der Hand. Und der moderne Staat ist wieder nur die Organisation, welche sich die bürgerliche Gesellschaft gibt, um die allgemeinen äußeren Bedingungen der kapitalistischen Produktionsweise aufrechtzuerhalten gegen Übergriffe sowohl der Arbeiter wie der einzelnen Kapitalisten. Der moderne Staat, wie auch seine Form, ist eine wesentlich kapitalistische Maschine, Staat der Kapitalisten, der ideelle Gesamtkapitalist. Je mehr Produktivkräfte er in sein Eigentum übernimmt, desto mehr wird er wirklicher Gesamtkapitalist, desto mehr Staatsbürger beutet er aus. Die Arbeiter bleiben Lohnarbeiter, Proletarier. Das Kapitalverhältnis wird nicht aufgehoben, es wird vielmehr auf die Spitze getrieben" (Friedrich Engels, Anti-Dühring, Verlag Marxistische Blätter, Frankfurt/Main 1970, S. 237).

Zugleich betont Engels jedoch, daß das Kapitalverhältnis auf der Spitze umschlägt. „Das Staatseigentum an den Produktivkräften ist nicht die Lösung des Konflikts, aber es birgt in sich das formelle Mittel, die Handhabe der Lösung.

Die Lösung kann nur darin liegen, daß die gesellschaftliche Natur der modernen Produktivkräfte tatsächlich anerkannt, daß also die Produktions-, Aneignungs- und Austauschweise in Einklang gesetzt wird mit dem gesellschaftlichen Charakter der Produktionsmittel. Und dies kann nur dadurch geschehen, daß die Gesellschaft offen und ohne Umwege Besitz ergreift von den jeder anderen Leitung außer der ihrigen entwachsenen Produktivkräften" (ebenda).

Die Lösung des Konflikts zwischen dem gesellschaftlichen Charakter der Produktion und der kapitalistischen Aneignung kann nur durch die Errichtung der politischen Macht der Arbeiterklasse und die Überführung aller wichtigen Produktionsmittel in gesellschaftliches Eigentum, d. h. durch den Sozialismus erfolgen. Dieser Grundsatz bestimmt die Politik der DKP. Sie tritt darum entschieden den rechtsopportunistischen Auffassungen entgegen, nach denen Staatsunternehmen im Kapitalismus schon „ein Stück Sozialismus" seien.

Daß bloße Verstaatlichung unter Beibehaltung der ökonomischen und politischen Macht des Großkapitals und ohne demokratische Mitbestimmung und Kontrolle der Arbeiterklasse noch keine nennenswerten Vorteile für die Arbeiterklasse bringt, dafür bietet die bisherige Tätigkeit von Staatskonzernen in der Bundesrepublik zahlreiche Beispiele.

So ist beispielsweise das Volkswagenwerk ein vorwiegend staatlicher Konzern. Denn auch nach der teilweisen Reprivatisierung repräsentieren die 40 Prozent staatlicher Kapitalanteile (je zur Hälfte im Besitz des Bundes und des Landes Niedersachsen) aufgrund einer spezifischen rechtlichen Konstruktion auf den Hauptversammlungen die Stimmenmehrheit. Gleichwohl wird dieser Konzern wie jeder andere kapitalistische Konzern geführt. Er nutzt wie die anderen großen Automobilkonzerne seine Marktmacht rigoros für Preiserhöhungen aus, auch in solchen Situationen wie 1974, als der Automobilabsatz zurückging und insofern eigentlich Preissenkungen erforderlich gewesen wären. Auch bei der Organisierung von Massenentlassungen und Kurzarbeit unterscheidet sich das Verhalten des VW-Konzerns in keiner Weise von dem anderer Konzerne.

Ein ähnliches Bild bietet das Verhalten der weitgehend staatlich beherrschten bzw. kontrollierten Energiewirtschaft, insbesondere der Elektroenergiewirtschaft. Zwar ist auch bei der Elektroenergieerzeugung in starkem Maße das Großkapital direkt engagiert, aber über starke Beteiligungen und besondere rechtliche Konstruktionen in bezug auf die Stimmenverteilung ist die Elektroenergieerzeugung der BRD faktisch ein Teil des staatlichen Sektors. Darüber hinaus ist der Staat auch über diverse – zum Teil kompliziert verschachtelte – Beteiligungen auch in anderen Teilen der Energiewirtschaft stark vertreten. So beherrscht er indirekt die Braunkohleförderung weitgehend, und auch die Steinkohleförderung wird über die staatseigene Saarberg-AG (Bund und Saarland) sowie die direkte und indirekte Beteiligung an der Ruhrkohle-AG weitgehend kontrolliert. Aber diese staatlichen Kapitalmehrheiten und Einflußmöglichkeiten werden weder im Interesse der Belegschaften der Betriebe der Energiewirtschaft genutzt noch im Interesse einer Energiepolitik zum Nutzen der werktätigen Bevölkerung. Vielmehr werden die Arbeiter und Angestellten, die Bauern und Handwerker z. B. als Verbraucher von Elektroenergie durch teure Tarife ausgeplündert, während durch Vorzugstarife für die Konzerne ein Teil des aus den Arbeitern der staatlichen Energieerzeugungsbetriebe herausgepreßten Profits in die Banktresore des Großkapitals umgeleitet wird.

Diese Beispiele unterstreichen, daß Verstaatlichung allein nicht genügt. Sie kann nur dann im Interesse des arbeitenden Volkes genutzt werden, wenn sie zumindest mit einer wirksamen demokratischen Mitbestimmung und Kontrolle durch die Arbeiterklasse und ihre Organisationen verbunden wird. Hierbei müssen sowohl die Interessen der Belegschaften der unmittelbar von Verstaatlichung betroffenen Betriebe als auch die der Arbeiterklasse insgesamt (vermittelt durch die Gewerkschaften) zur Geltung kommen.

In der Auseinandersetzung um die Verstaatlichung ist es zugleich notwendig, entschieden die Angriffe jener Kräfte zurückzuweisen, die den Kampf um Verstaatlichung im Kapitalismus rundweg ablehnen, weil das noch kein Sozialismus ist. Daß der Kampf um Verstaatlichungsmaßnahmen im Kapitalismus bei aller Begrenztheit Fortschritte für die Arbeiterklasse bringen kann, zeigt nicht zuletzt die Reaktion des Großkapitals und seiner politischen Vertretungen auf Verstaatlichungsforderungen. Tragen solche Maßnahmen doch dazu bei, in der Arbeiterklasse deutlich zu machen, daß die Kapitalisten überflüssig sind. Hier existieren also reale Anknüpfungspunkte für die Entwicklung von Klassenbewußtsein.

Zum anderen fordert die DKP nicht Verstaatlichung schlechthin, sondern verbindet diese Forderung – wie das der Hamburger Parteitag und die Energiepolitische Konferenz deutlich gemacht haben – stets mit der Forderung nach demokratischer Kontrolle durch die Arbeiterklasse und ihre Organisationen. So heißt es im Entwurf des Energiepolitischen Programms der DKP, in dem die Verstaatlichung der energiewirtschaftlichen Unternehmen und die Schaffung einer Nationalen Energie-Kommission zur Koordinierung der Tätigkeit der im öffentlichen Eigentum befindlichen Energieunternehmen gefordert wird: „Die DKP schlägt daher zur Sicherung der Interessen der arbeitenden Bevölkerung folgende Maßnahmen zur Gewährleistung einer demokratischen Kontrolle und Mitbestimmung vor: Sowohl die verstaatlichten energiewirtschaftlichen Unternehmen als auch die zu schaffende Nationale Energie-Kommission müssen auf der Grundlage eines paritätischen Mitbestimmungsmodells aufgebaut werden. Ihre Leistungs- und Kontrollorgane müssen je zur Hälfte aus Vertretern der Belegschaften und der DGB-Gewerkschaften einerseits sowie der öffentlichen Hand andererseits zusammengesetzt sein. Bei den Vertretern der öffentlichen Hand sind neben Bund und Ländern auch die Städte und Gemeinden gebührend zu berücksichtigen, da die Energieversorgung der Bürger in den Kommunen erfolgt und daher auch große kommunalpolitische Bedeutung hat. Zusätzlich müssen diese Gremien den Gewerkschaften, den Belegschaften und den Parlamenten von Bund, Ländern und Gemeinden rechenschaftspflichtig sein" (Energiepolitisches Programm der DKP, a. a. O., S. 13 f.).

Die Erfahrung zeigt, daß die Verwirklichung einer solchen Kontrolle und Mitbestimmung der Belegschaften und Gewerkschaften es erforderlich macht, daß die Belegschafts- und Gewerkschaftsvertreter in den Aufsichts- und Kontrollorganen weisungsgebunden, rechenschaftspflichtig und jederzeit abwählbar sein müssen. Eine solche demokratische Mitbestimmung und Kontrolle dient nicht nur den Interessen der Arbeiter. Sie ist unter den gegebenen Bedingungen auch die einzige realistische Möglichkeit zur Vertretung der Interessen der Bauern und der städtischen Mittelschichten gegen die Willkür und die Ausplünderung durch die Monopole.

Aber auch die Verstaatlichung von Schlüsselindustrien und Monopolbanken bei gleichzeitiger demokratischer Kontrolle durch die Arbeiterklasse und ihre Organisationen bedeutet natürlich noch nicht den Sozialismus oder „ein Stück Sozialismus". Die Realisierung dieser Forderung kann jedoch dazu beitragen, in diesen Staatsbetrieben bessere Arbeitsbedingungen und Sozialleistungen, eine wirksame Mitbestimmung durchzusetzen. Solche Erfolge wären zweifellos auch für die Arbeiter in anderen Bereichen mobilisierend. Staatsbetriebe unter wirklich demokratischer Kontrolle könnten auch z. B. durch ihre Preis- und Investitionspolitik zu einem Hebel der Einflußnahme auf die übrigen Wirtschaftsbereiche werden.

„All das sind jedoch Möglichkeiten. Ob und wieweit sie zur Wirklichkeit werden, hängt ab vom Kräfteverhältnis der Klassen, vom Bewußtsein, der Organisiertheit, der Kampfbereitschaft der Arbeiterklasse. Es hängt insbesondere auch davon ab, welche Klassenkräfte im Staat, der ja Besitzer der Staatsbetriebe ist, den Ton angeben. Umfassend können die Möglichkeiten der demokratisch kontrollierten Staatsbetriebe als Instrument demokratischer Wirtschaftspolitik erst zum Tragen kommen, wenn die Arbeiterklasse und die übrigen antimonopolistischen Kräfte den maßgebenden Einfluß in Staat und Gesellschaft erringen" (5. PV-Tagung der DKP, in: UZ-Beilage vom 12./13. 10. 1974, S. 19).

Übergänge im Kampf um den Sozialismus –
Zur Geschichte der Fragestellung

Wird erst der in der Phase der antimonopolistischen Umgestaltung sich auf höheren Stufen entwickelnde Klassenkampf darüber entscheiden, inwieweit die Anwendung antimonopolistischer Mittel (z. B. Einführung der Arbeiterkontrolle) die bürgerliche Alleinherrschaft überwinden kann, oder ist es möglich, dazu schon heute etwas zu sagen?

Für Marxisten ist es eine Binsenwahrheit, daß der konkrete Klassenkampf darüber entscheidet, mit welchen Mitteln und auf welchem Wege die Herrschaft der Monopole überwunden werden kann. Und eine andere Bindenwahrheit besteht darin, daß man die Frage, wie die Herrschaft des Monopolkapitals überwunden werden kann, nicht vom heutigen Tageskampf und vom Massenkampf um grundlegende Reformen abtrennen kann.

Wird das Ziel diskutiert, ohne den Zusammenhang mit dem Weg zum Ziel, mit den heutigen Aufgaben des antimonopolistischen Kampfes, so wird im Grunde genommen die Bernsteinsche These nur umgekehrt, die besagt, daß das Ziel nichts, der Weg alles sei. Marxisten können nicht Weg und Ziel auseinanderreißen und einander gegenüberstellen. Ein solches Herangehen wäre nur umgestülpter Rechtsopportunismus.

Im übrigen geht es nicht nur um die „Alleinherrschaft" der Monopole, sondern überhaupt um die Überwindung ihrer Macht. Für Marxisten ist keineswegs eine solche Vorstellung zulässig, als ob eine Teilung der Macht mit den Monopolen möglich wäre. Solche Überlegungen liegen vielmehr gerade sozialpartnerschaftlichen Mitbestimmungsvorschlägen zugrunde, keineswegs jedoch der Mitbestimmungskonzeption der DKP.

Im Kampf um die Zurückdrängung und schließliche Überwindung der Macht des Monopolkapitals wird dabei zweifellos das Ringen um grundlegende antimonopolistische Reformen (wie eine gegen das Großkapital gerichtete Mitbestimmung, die Überführung der produktions- und marktbeherrschenden Unternehmen in öffentliches Eigentum bei demokratischer Kontrolle durch die Arbeiterklasse und ihre Organisationen) im untrennbaren Zusammenhang mit dem Ringen um die Veränderung des politischen Kräfteverhältnisses zwischen dem von der Arbeiterklasse geführten Volksbündnisses auf der einen Seite und dem Monopolkapital auf der anderen Seite, von wesentlicher Bedeutung sein.

Im übrigen wären Prognosen auf solchem Gebiet nicht sehr sinnvoll. Ganz allgemein kann davon ausgegangen werden, daß der Klassenkampf sich um so mehr verschärfen wird, je mehr er sich der Entscheidung der Machtfrage nähert. Aber selbst dabei sind die eigenartigsten Modifikationen möglich. Der gesamte lateinamerikanische Subkontinent gleicht immer mehr einem Kessel unter Überdruck. Je länger dieser Überdruck andauert, desto wahrscheinlicher ist die gewaltsame Explosion. Selbstverständlich wird das von wachsender internationaler Bedeutung sein. Die progressive Entwicklung der Völker Afrikas schreitet voran. Daß die Bedingungen dafür heranreifen, daß in Westeuropa kommunistische Parteien Regierungsparteien werden (z. B. Italien und Frankreich), ist für den ganzen revolutionären Weltprozeß von großer Bedeutung. Wenn man davon ausgeht, daß dies alles bei weiterem raschem Wachstum des Sozialismus geschieht; wen man bedenkt, daß unter den Bedingungen einer so offenkundigen weiteren Verschiebung des Kräfteverhältnisses zu unseren Gunsten neue Möglichkeiten der Einflußnahme auf das Kleinbürgertum und selbst auf Teile des Bürgertums entstehen, so stellen sich doch selbst viele Grundprobleme der Strategie und Taktik auf neue, originelle Weise. Neue Kampf- und Organisationsformen werden möglich, bereits erprobte können in den Vordergrund rücken oder zugunsten anderer zurückgedrängt werden, es können eigenartige Kombinationen solcher Kampfformen auftreten.

Wir meinen deshalb, daß wir uns bei Aussagen über Kampf- und Organisationsformen der etwas ferneren Zukunft jetzt nicht den Kopf zerbrechen sollten. Halten wir uns an ,,die Pflicht des Tages''. Auf jeden Fall gilt, daß jene Kampfformen richtig sind, die von breiten Massen der Arbeiterklasse und der übrigen Werktätigen getragen werden. Kampfformen, die der Lage nicht entsprechen, die uns von den Massen entfernen, die dazu angetan sind, Arbeiter und deren mögliche Verbündete abzuschrecken und dem Gegner den Vorwand für den Ausbau eines Unterdrückungsapparates zu liefern, lehnen wir entschieden ab.

Über die Wahl der richtigen Kampfformen

Welche Bedeutung haben parlamentarischer und außerparlamentarischer Kampf in diesem Zusammenhang?

Wie bereits gesagt, hängt die Wahl der Kampfformen und -mittel für Marxisten immer von den konkreten Bedingungen des Klassenkampfes ab. Heute darüber Ausführungen machen zu wollen, was in einer späteren Periode des Klassenkampfes an Mitteln notwendig sei, wäre reine Prophetie, völlig unmarxistisch. Als auf dem Internationalen Sozialistenkongreß zu Stuttgart, 1907, ein Vertreter ultralinker, anarchistischer Stimmungen, Hervé, eine solche eindeutige Festlegung für die Arbeiterbewegung für den Fall eines ausbrechenden Weltkrieges forderte, hat Lenin dies General-Unsinn genannt.

Er hat stets vor der Verabsolutierung der einen oder der anderen Kampfform gewarnt. Solche Vereinseitigung sei kennzeichnend für die rechten und linken Opportunisten. Er betonte, daß „die revolutionäre Klasse, wenn sie ihre Aufgaben erfüllen will, es verstehen muß, alle Formen oder Seiten der gesellschaftlichen Tätigkeit ohne die geringste Ausnahme zu beherrschen…" (W. I. Lenin, Der linke Radikalismus…, Verlag Marxistische Blätter, S. 108, in: Ausgewählte Werke in 6 Bänden, Bd. V, S. 551, in der Werkausgabe, Bd. 31, S. 83).

Natürlich wird auch der parlamentarische und außerparlamentarische Kampf für die Kommunisten stets von großer Bedeutung sein, wobei in jedem Fall letztlich der außerparlamentarische Kampf der Massen ausschlaggebend ist. Der parlamentarische und außerparlamentarische Kampf ergänzen einander. Der parlamentarische Kampf ist für die Klasse um so erfolgreicher, je mehr er sich auf starke außerparlamentarische Massenaktionen stützen kann. Andererseits ist die Tätigkeit von Kommunisten in den Parlamenten von großem Einfluß auf die Entfaltung des außerparlamentarischen Kampfes.

Friedlicher Spaziergang?

Der Kampf um eine antimonopolistische Demokratie wird also keinesfalls so etwas wie ein „friedlicher Spaziergang" zum Sozialismus sein?

Natürlich nicht, geht es im Kampf um eine antimonopolistische Demokratie doch um die Überwindung der politischen und ökonomischen Macht der Monopole. Diese werden dabei selbstverständlich keine Zuschauerrolle spielen. Sie werden vielmehr alle ihnen zu Gebote stehenden Mittel bis hin zur bewaffneten Konterrevolution – wenn ihnen dazu die Möglichkeit bleibt – einsetzen, um ihre Macht zu erhalten. Das zeigt in der neueren Geschichte nicht zuletzt das Beispiel des blutigen faschistischen Putsches in Chile.

Was dabei die Frage des bewaffneten Kampfes oder des Weges ohne Bürgerkrieg zum Sozialismus betrifft, so hat die DKP in den Thesen des Düsseldorfer Parteitages erklärt: „Wie sich die Entwicklung zum Sozialismus konkret vollziehen wird, darüber entscheidet der Klassenkampf. Die DKP erstrebt, wie es in ihrer Grundsatzerklärung heißt, den für das arbeitende Volk günstigsten Weg zum Sozialismus. Sie erstrebt einen Weg ohne Bürgerkrieg. Es waren immer die herrschenden reaktionären Klassen, die zur Rettung ihrer Macht und ihrer Vorrechte blutige Gewalt gegen das Volk anwandten. Nur im harten Klassen- und Volkskampf gegen den unvermeidlichen Widerstand der großkapitalistischen Interessengruppen kann die antimonopolistische und sozialistische Volksbewegung die Kraft erlangen, um die Reaktion an der Anwendung von Gewalt zu hindern" (These 9, Hervorhebung W. G./R. St.).

Marx, Engels und Lenin haben stets betont, daß die Arbeiterklasse alle Formen des Klassenkampfes beherrschen muß und sich nicht auf eine einzige festlegen darf. Sie haben unterstrichen, daß der Weg zum Sozialismus ohne Bürgerkrieg für die Arbeiterklasse der günstigste ist. Sie haben diesen Weg in bestimmten Situationen durchaus für möglich gehalten. Lenin und die Bolschewiki haben in der Periode des Übergangs von der bürgerlich-demokratischen Februar-Revolution zur Sozialistischen Oktoberrevolution 1917 in Rußland mehrere Male auf diesen Weg orientiert.

Lenin hielt in der damaligen Situation einen Weg zum Sozialismus ohne Bürgerkrieg für eine Ausnahme, aber für eine höchst wertvolle Möglichkeit, und erklärte noch im September 1917: ,,Aber wenn auch nur eine Chance unter hundert besteht, so wäre der Versuch, eine solche Möglichkeit zu verwirklichen, immerhin wert, gemacht zu werden'' (Lenin: Über Kompromisse, in: AW (6), Bd. 3, S. 384). Wenn der Arbeiterklasse Rußlands dennoch unter sich verändernden Bedingungen der Bürgerkrieg aufgezwungen wurde, so ändert das nichts an der Richtigkeit des Strebens nach einem Weg ohne Bürgerkrieg.

Wer das bestreitet oder aus den Ereignissen in Chile die Schlußfolgerung zieht, weil dort der Weg ohne Bürgerkrieg nicht gelungen ist, sei ein solcher Weg generell und ein für allemal nicht gangbar, der zeigt nur, daß er ein Dogmatiker und kein Marxist ist. Wenn die Bolschewiki ebenso dogmatisch gewesen wären und aus der Niederlage des Dezemberaufstandes 1905 in Moskau die Schlußfolgerung gezogen hätten, daß der bewaffnete Weg unmöglich ist, dann hätte es nie die sozialistische Oktoberrevolution gegeben.

Dabei ist die Situation in der heutigen Bundesrepublik zweifellos wesentlich anders als 1917 in Rußland. Die Unterschiede bestehen nicht zuletzt darin, daß wir es heute mit der Existenz und erfolgreichen Entwicklung einer ökonomisch, politisch und militärisch mächtigen sozialistischen Staatengemeinschaft und einer sich objektiv immer mehr verengenden Klassenbasis der herrschenden staatsmonopolistischen Oligarchie zu tun haben. Zugleich ist der heutige Kapitalismus staatsmonopolistisch. Sein Gewaltapparat ist ungleich stärker und perfekter als zu früherer Zeit. Unter diesen Bedingungen verfügt die Reaktion einerseits über noch größere Macht, ist der Gewaltapparat der Herrschenden noch gefährlicher geworden. Andererseits sind in gewissem Maße neue Möglichkeiten für die Arbeiterklasse entstanden, durch machtvolle Massenaktionen gegen den unvermeindlichen Widerstand des Großkapitals, gestützt auf ein breites antimonopolistisches Bündnis und auf die Solidarität der immer stärker werdenden sozialistischen Staatengemeinschaft, in dem einen oder anderen Land die Reaktion an der Anwendung blutiger Gewalt zu hindern.

Ob das Monopolkapital blutige Gewalt gegen das Volk anwenden kann oder nicht, hängt nicht zuletzt vom Verhalten der Angehörigen seines Unterdrückungsapparates, insbesondere der Armee ab, hängt davon ab, ob es der Arbeiterklasse gelingt, die Arbeiterkinder im Soldatenrock auf ihre Seite zu ziehen und die weitgehend aus kleinbürgerlichen Schichten bzw. aus der nichtmonopolistischen Bourgeoisie stammenden Offiziere zu neutralisieren. Das wird aber um so eher gelingen, je besser es die revolutionären Kräfte verstehen, einen solchen Weg zum Sozialismus durchzusetzen, der sowohl vom Bewußtsein und der Kampfbereitschaft der Massen der Arbeiter ausgeht als auch von möglichst großen Teilen der übrigen nichtmonopolistischen Kräfte unterstützt werden kann.

Im übrigen müssen die Phrasen maoistischer Gruppen vom bewaffneten Kampf als einzigem Weg zum Sozialismus der Tatsache gegenübergestellt werden, daß diese Gruppen die Außenpolitik der Volksrepublik China und damit die Forderung nach Stärkung der NATO, nach Vermehrung amerikanischer Truppen in der Bundesrepublik, d. h. nach Stärkung der bewaffneten Organe der Konterrevolution unterstützen. Das Geschwätz vom bewaffneten Kampf wird so zu reiner Demagogie.

Im Zusammenhang mit dem Streben nach einem Weg zum Sozialismus ohne Bürgerkrieg stellt sich das Problem der NATO-Mitgliedschaft der Bundesrepublik. Wie steht die DKP dazu?

Bekanntlich wurde die NATO nicht nur als Instrument der aggressiven Rollback-Politik gegen die sozialistischen Länder, sondern auch als Unterdrückungsinstrument gegen grundlegende gesellschaftliche Umgestaltungen in den NATO-Ländern selbst geschaffen. Die Installierung des Regimes der schwarzen Obristen in Griechenland als Reaktion auf die Möglichkeiten progressiver Veränderungen in diesem Land erfolgte seinerzeit bekanntlich nach entsprechenden NATO-Plänen. Für die anderen NATO-Länder gibt es ebenfalls Schubladenpläne der NATO-Strategen.

Die NATO erweist sich so nicht nur als eine ständige Gefahr für den Weltfrieden, sondern zugleich als eine permanente Bedrohung jeder Fortschrittsbewegung, darunter vor allem in den NATO-Ländern selbst. Darum tritt die DKP für die Lockerung der Bindungen der Bundesrepublik an den aggressiven NATO-Pakt ein. Sie unterstützt entschieden die Forderung des Dokuments der Berliner Konferenz der kommunistischen und Arbeiterparteien Europas „Für Frieden, Sicherheit, Zusammenarbeit und sozialen Fortschritt in Europa" nach gleichzeitiger Auflösung der NATO und des Warschauer Vertrages – und als ersten Schritt ihrer Militärorganisationen.

Antimonopolistische Demokratie und Sozialismus

Lenin hat 1905 die Theorie der bürgerlich-demokratischen Revolution unter den Bedingungen des Imperialismus ausgearbeitet. Er hat dort auch schon begründet, daß die Arbeiterklasse in dieser Revolution die Führung haben muß. Gibt es einen qualitativen Unterschied zur neuen Art demokratischer Umwälzung, und wenn ja, worin besteht er?

Es gibt keinen qualitativen Unterschied in bezug auf die Tatsache, daß die Arbeiterklasse die Führungskraft im Bündnis sein muß. Der Unterschied besteht aber erstens darin, daß es zu jener Zeit noch keinen real existierenden Sozialismus gab. Heute leben wir dagegen in der dritten Etappe der allgemeinen Krise des Kapitalismus, die vor allem dadurch gekennzeichnet wird, daß die sozialistische Staatengemeinschaft, der entscheidende Gegenpol zur imperialistischen Ausbeutergesellschaft, immer mehr den bestimmenden Einfluß auf die Weltentwicklung erlangt. Das schafft neue Bedingungen für den Kampf der Arbeiterklasse in den kapitalistischen Ländern. Der Unterschied liegt zweitens im Grade der Entwicklung des Kapitalismus, der heute staatsmonopolistischer Kapitalismus ist. Nicht zuletzt besteht der Unterschied im Gewicht der Klassenkräfte, und dies sowohl in bezug auf die enger gewordene soziale Basis des Großkapitals als auch hinsichtlich gewisser Veränderungen im Gewicht der Bündnispartner der Arbeiterklasse.

Unter den Bedingungen des heutigen staatsmonopolistischen Kapitalismus ist Kampf um Demokratie antimonopolistischer Kampf. Wir haben es darum heute nicht mit einer bürgerlich-demokratischen Revolution zu tun. Es geht um eine antimonopolistisch-demokratische Umwälzung. Worin die konkreten Aufgaben der antimonopolistischen Umwälzung bestehen, haben wir bereits oben dargelegt.

Was bedeutet die Feststellung, daß in der gegenwärtigen Situation des weltweiten Klassenkampfes die kommunistischen Parteien da-

von ausgehen, daß sich eine neue Möglichkeit der Entwicklung zum Sozialismus herausgebildet hat, nämlich der Weg über eine fortschrittliche antimonopolistische Demokratie? Schon 1917 spricht doch Lenin von der Möglichkeit, auf dem Weg zum Sozialismus für eine gewisse Übergangsphase einen Staat der revolutionären Demokratie unter proletarischer Hegemonie zu etablieren. Und der IV. und VII. Kongreß der Komintern entwickelten diese Idee später weiter, was sich in den Losungen von der „Arbeiterregierung" und der „Volksfrontregierung" niederschlug. Ist also die zu erkämpfende antimonopolistische Demokratie tatsächlich eine neue Möglichkeit der Entwicklung zum Sozialismus?

Wir haben uns dazu in unserem Taschenbuch „Probleme der Strategie des antimonopolistischen Kampfes", Verlag Marxistische Blätter, geäußert. Darum ist es sicherlich gestattet, daraus zu zitieren: „Die Notwendigkeit von Übergangsforderungen und die Möglichkeit, von Etappen im Kampf um den Sozialismus wird … keineswegs zum erstenmal und nicht allein von der DKP ausgesprochen. In seiner Arbeit ‚Die drohende Katastrophe und wie man sie bekämpfen soll‘, die in der Periode des Übergangs von der bürgerlich-demokratischen Februar-Revolution zur sozialistischen Oktoberrevolution 1917 geschrieben wurde, spricht Lenin von der Möglichkeit, daß auf dem Weg zum Sozialismus zunächst ein Staat der revolutionären Demokratie erkämpft wird. Lenin betont, daß damit die Herrschaft des Großkapitals völlig untergraben werden könnte, daß sich die Arbeiterklasse in dieser Kampfetappe den maßgeblichen Einfluß in Staat und Gesellschaft erkämpfen könnte.

Als nach der Oktoberrevolution die Kommunistische Internationale unter Leitung Lenins die Strategie und Taktik der Internationalen Kommunistischen Bewegung ausarbeitete, ließ sie sich davon leiten, daß der Kampf der Arbeiterklasse um die Errichtung ihrer politischen Macht, entsprechend den jeweiligen Verhältnissen, verschiedene Etappen durchlaufen kann. So betonte 1922 der IV. Kongreß der Komintern, der die Taktik der Einheitsfront ausarbeitete: ‚Zwischen der gegenwärtigen Periode der Herrschaft der offenen bürgerlichen Reaktion und dem vollen Sieg des revolutionären Proletariats über die Bourgeoisie liegen verschiedene Etappen und sind verschiedene kurzfristige Episoden möglich.‘

Der VII. Kongreß der Komintern entwickelte diese Ideen weiter und stellte die Aufgabe des Kampfes um die Einheitsfront- oder Volksfrontregierung, in der er eine mögliche Übergangsform zur Errichtung der Herrschaft der Arbeiterklasse sah.

Dabei ist das Problem möglicher Etappen auf dem Weg zum Sozialismus nicht nur eine Frage der Theorie und der Programmatik. Die Entwicklung der sozialistischen Länder nach dem zweiten Weltkrieg zeigt, daß sich dort der Weg zur Herrschaft der Arbeiterklasse, zum Sozialismus, gerade über solche Etappen, die unter der Bezeichnung ‚Volksdemokratie‘ oder in der DDR unter dem Begriff ‚antifaschistisch-demokratische Ordnung‘ bekannt geworden sind, vollzogen hat.

Die Möglichkeit von Etappen auf dem Wege zum Sozialismus wurde also in der Geschichte der kommunistischen Bewegung wiederholt herausgearbeitet. Sie wurde dabei stets aus den konkreten Bedingungen des Klassenkampfes abgeleitet. So muß die Leninsche These von der Möglichkeit der Erkämpfung eines Staates der revolutionären Demokratie auf dem Wege zum Sozialismus im Zusammenhang mit den Bedingungen der Doppelherrschaft gesehen werden, die nach der Februarrevolution 1917 entstanden waren.

Ihre wichtigste Besonderheit war das Nebeneinanderbestehen der bürgerlichen Provisorischen Regierung und der Sowjets der Arbeiter, Bauern und Soldaten.

Die Losung der Arbeiterregierung stellte der IV. Weltkongreß der Komintern unter völlig anderen Bedingungen auf. Die Situation des Jahres 1922 war dadurch gekennzeichnet, daß die revolutionäre Nachkriegskrise zu Ende ging. Die Bourgeoisie konnte in den entwickelten kapitalistischen Ländern ihre politische und ökonomische Macht festigen und trat zur Offensive gegen die Arbeiterklasse an. Die Mehrheit der Arbeiter in diesen Ländern stand noch unter dem Einfluß der rechten sozialdemokratischen Führungen und war nicht bereit, unmittelbar für den Sozialismus zu kämpfen. Unter diesen Bedingungen bestand die Aufgabe darin, der konkreten Situation entsprechende Übergänge zu finden, um die Mehrheit der Arbeiterklasse an den Kampf um den Sozialismus heranzuführen. Die Losung von der Einheitsfront- oder Volksfrontregierung, die vom VII. Weltkongreß der Komintern aufgestellt wurde, muß in den Zusammenhang des Kampfes gegen den Faschismus gestellt werden.

Auch heute gehen die kommunistischen Parteien konkret an die Möglichkeit von Etappen im Kampf um den Sozialismus heran. In der gegenwärtigen Situation des weltweiten Klassenkampfes, die gekennzeichnet ist durch den Kampf der beiden Weltsysteme, die Befreiung der ehemaligen Kolonien, die Schwächung oder den Sturz der imperialistischen Herrschaft in einer Reihe von Ländern und durch die Entwicklung des staatsmonopolistischen Kapitalismus in den Hochburgen des Kapitals, gehen sie davon aus, daß sich eine neue Möglichkeit zur Entwicklung zum Sozialismus herausgebildet hat: Die Errichtung einer antimonopolistischen Demokratie durch die mit den anderen demokratischen Kräften verbündete Arbeiterklasse, eine Demokratie, die den Widerstand der inneren und äußeren Reaktion zu überwinden vermag und den Weg zum Sozialismus öffnet" (W. Gerns/R. Steigerwald, Probleme der Strategie des antimonopolistischen Kampfes, Verlag Marxistische Blätter, Frankfurt a. M., S. 29 ff.).

Ihr habt gerade von den Aussagen des VII. Weltkongresses der Komintern über eine Einheitsfront- oder Volksfrontregierung als möglicher Übergangsform zur Errichtung der Herrschaft der Arbeiterklasse gesprochen. Nun verbindet Dimitroff diese Möglichkeit auf dem VII. Weltkongreß mit krisenhaften Erschütterungen der imperialistischen Herrschaft. Wie sieht die DKP in diesem Zusammenhang die Möglichkeiten für die Erkämpfung einer antimonopolistischen Demokratie auf dem Weg zum Sozialismus? Setzt das krisenhafte Erschütterungen des staatsmonopolistischen Herrschaftssystems voraus?

In der Resolution zum Bericht Dimitroffs an den VII. Weltkongreß wird die Möglichkeit der Schaffung einer Einheitsfront- oder Volksfrontregierung in der Tat an die „Bedingungen der politischen Krise" gebunden, in der „die herrschenden Klassen bereits nicht mehr imstande sind, mit der mächtig anwachsenden Massenbewegung fertigzuwerden" (VII. Weltkongreß der kommunistischen Internationale, Verlag Marxistische Blätter, Frankfurt a. M. 1971, S. 278). Weiter heißt es in dieser Resolution: „Eine wesentliche Voraussetzung für die Schaffung einer Regierung der Einheitsfront ist eine solche Lage:
a) in der der bürgerliche Staatsapparat stark paralysiert ist, so daß die Bourgeoisie die Schaffung einer solchen Regierung nicht zu verhindern vermag;
b) in der die breitesten Massen der Werktätigen sich stürmisch gegen den Faschismus und die Reaktion auflehnen, aber noch nicht bereit sind, den Kampf um die Sowjetmacht aufzunehmen;

c) in der bereits ein bedeutender Teil der Organisationen der Sozialdemokratie sowie der anderen an der Einheitsfront teilnehmenden Parteien schonungslose Maßnahmen gegen die Faschisten und andere Reaktionäre fordern und bereit sind, gemeinsam mit den Kommunisten für die Durchführung dieser Maßnahmen zu kämpfen" (ebenda, S. 278).

Die DKP geht im Kampf um eine antimonopolistische Demokratie auf dem Weg zum Sozialismus – bei Beachtung der Unterschiede in der konkreten historischen Situation – dem Wesen der Sache nach gerade von jenen Voraussetzungen aus, die in der Resolution des VII. Weltkongresses genannt werden.

Selbstverständlich fällt eine antimonopolistische Staatsmacht, die von einem von der Arbeiterklasse geführten, breiten antimonopolistischen Bündnis getragen wird, nicht aus einem heiteren, wolkenlosen politischen Himmel. Sie kann nur erkämpft werden, wenn sich das staatsmonopolistische Herrschaftssystem in einer politischen Krise befindet, wenn dieses System nicht mehr in der Lage ist, mit einer mächtig anwachsenden Massenbewegung für grundlegende demokratische Umgestaltungen in Staat und Gesellschaft fertigzuwerden. Selbstverständlich kann der Kampf um eine antimonopolistische Demokratie nur dann zum Erfolg führen, wenn die Kraft der demokratischen Bewegung und ihr Einfluß so stark werden, daß die Monopole nicht mehr imstande sind, diese Bewegung durch den Einsatz ihres Gewaltapparates zu zerschlagen. Selbstverständlich ist eine solche Entwicklung nur möglich, wenn die breitesten Massen der Werktätigen, obwohl sie noch nicht bereit sind, unmittelbar für den Sozialismus zu kämpfen, sich energisch gegen die Reaktion auflehnen. Und ohne Zweifel kann der Kampf um eine antimonopolistische Demokratie auch nur dann erfolgreich sein, wenn ein bedeutender Teil der Sozialdemokratie, der christlichen und parteilosen Arbeiter sowie der Verbündeten der Arbeiterklasse bereit ist, gemeinsam mit den Kommunisten für die Durchführung weitgehender Maßnahmen gegen das Monopolkapital zu kämpfen.

Die Politik der DKP ist gerade darauf gerichtet, durch ihr geduldiges Bemühen um die Aktionseinheit der Arbeiterklasse und ein breites antimonopolistisches Bündnis, durch ihre konsequente Auseinandersetzung mit der rechtsopportunistischen Politik der Integration der Arbeiterklasse in das staatsmonopolistische System, durch ihre Absage an jede ultralinke Revolutionsspielerei und kleinbürgerliche Ungeduld, durch ihre beharrlichen Bemühungen um die

Erweiterung des Einflusses der Deutschen Kommunistischen Partei unter den Massen der Arbeiter und Angestellten, der arbeitenden und lernenden Jugend die notwendigen Voraussetzungen für den erfolgreichen Kampf um antimonopolistische Demokratie und Sozialismus zu schaffen.

Oftmals wird in dem Zusammenhang mit dem Kampf um antimonopolistische Demokratie auf die Geschichte der DDR, auf die antifaschistisch-demokratische Entwicklung verwiesen, die der damaligen Sowjetischen Besatzungszone den Weg zur Errichtung der politischen Herrschaft der Arbeiterklasse im Bündnis mit der Bauernschaft und der Intelligenz und zur sozialistischen Demokratie ermöglichte. Ist das eurer Meinung nach begründet?

Selbstverständlich muß die antifaschistisch-demokratische Umwälzung in der DDR in ihrem konkreten historischen Zusammenhang gesehen werden. Darum wird eine antimonopolistische Demokratie in der Bundesrepublik nicht die Wiederholung dieser Entwicklung sein können. Dem Wesen der Sache nach handelt es sich bei der Errichtung der antifaschistisch-demokratischen Ordnung in der DDR jedoch zweifellos um eine antimonopolistische Umwälzung.

Antimonopolistische Demokratie und Reformen

Wenn die antimonopolistische Demokratie als eine Möglichkeit des Weges zum sozialistischen Ziel angesehen werden kann, schließt das doch ein, daß es auch andere mögliche Wege geben kann. Jusos und Kreise der jungen intellektuellen Opposition z. B. sehen es als Möglichkeit an, mittels sogenannter Basisdemokratie, bzw. durch Bildung einzelner Zellen in Betrieb und Wirtschaft sich allmählich zur politischen Macht in Staat und Gesellschaft zusammenzuaddieren.

Wenn wir von einer Möglichkeit des Weges zum sozialistischen Ziel sprechen, so gehen wir davon aus, daß es unter anderen konkreten Bedingungen im Klassenkampf auch den direkten Weg zum Sozialismus geben kann.

Was die Konzeption von der sogenannten Basisdemokratie und der allmählichen Addition der Macht betrifft, so können wir nicht alle Seiten dieses Problems hier behandeln. Aber dies sei festgestellt: Hier verbinden sich im Grunde genommen anarcho-syndikalistische und klassisch-reformistische Ideen. Die Frage der politischen Macht wird falsch gestellt und die Tatsache unterschätzt, daß der Staat das Zentrum der politischen Macht ist, daß unter den Bedingungen des heutigen staatsmonopolistischen Kapitalismus stärker als jemals zuvor auch die Frage der ökonomischen Macht untrennbar mit der politischen Macht, mit der Frage der Macht im Staat verbunden ist. Wer meint, die politische Macht in Staat und gesellschaft allmählich addieren zu können, der geht reformistisch an die Frage der sozialistischen Umwälzung heran.

Zweifellos sind Reformen, vor allem grundlegende, antimonopolistische Reformen, von großer Bedeutung für den Kampf um antimonopolistische Demokratie und Sozialismus. Über den Zusammenhang des Kampfes um Reformen und den Sozialismus erklärt die DKP in den Thesen ihres Düsseldorfer Parteitages:

„Die DKP ordnet den Kampf um Reformen in den Kampf um eine

antimonopolistische Umwälzung und um den Sozialismus ein. Sie entwickelt keine Reformstrategie, sondern eine Gesamtstrategie des Kampfes um den Sozialismus. Diese Verbindung von Reform und revolutionärer Umwälzung unterscheidet die Politik der DKP grundlegend von der Reformstrategie des Monopolkapitals und seiner Parteien, die auf die Erhaltung und Festigung des staatsmonopolistischen Herrschaftssystems gerichtet ist. Die DKP grenzt sich dadurch auch von der reformistischen Auffassung ab, die Lage der arbeitenden Menschen könnte im Rahmen des Kapitalismus grundlegend verbessert oder der Sozialismus durch eine Summe von Reformen erreicht werden. Sie wendet sich auch gegen die Illusion, daß man zum Sozialismus durch sogenannte systemüberwindende Reformen, d. h. ohne die grundlegende Umwälzung der politischen und ökonomischen Machtverhältnisse gelangen könnte.
Die DKP unterscheidet sich mit dieser Politik ebenso von den ultralinken Pseudorevolutionären, die nicht begreifen, daß der Kampf um Reformen notwendig ist, sowohl zur Verbesserung der Lage des arbeitenden Volkes als auch zur Heranführung der Arbeiterklasse an revolutionäre Positionen" (Thesen des Düsseldorfer Parteitags, These 10).
Allerdings darf man die Frage des Heranführens der Arbeitermassen an die sozialistische Umwälzung nicht mit dieser Umwälzung selbst verwechseln.
Bei dieser geht es um die grundlegende Umwälzung der politischen Macht- und ökonomischen Besitzverhältnisse. Das kann man sich nicht Stück für Stück zusammenklauben. Es geht um den Übergang von einer Qualität der gesellschaftlichen Verhältnisse in eine andere, philosophisch formuliert: um einen Sprung. Die Verfechter einer Addition der politischen Macht durch Reformen gehen vor allem falsch an die Staatsfrage heran. Im Grunde genommen verstehen sie den Staat als neutrale, über den Klassen stehende Institution.

Die Jungsozialisten sprechen von einer „Strategie antikapitalistischer Strukturreformen".

Wir haben bereits gesagt, daß wir von einer Reformstrategie nichts halten. Man kann nicht allein durch Reformen von der politischen Macht des Großkapitals zur Macht der Arbeiterklasse kommen. Ebenso kann man nicht durch die Reformierung des kapitalistischen Eigentums zum gesellschaftlichen, sozialistischen Eigentum an den Produktionsmitteln gelangen. Beides ist nur durch eine grundlegende Umwälzung der bestehenden politischen Macht- und ökonomischen Besitzverhältnisse möglich. Allerdings sind wir nicht gegen das, was die Jungsozialisten antikapitalistische Strukturreformen nennen. Nur gehen wir davon aus, daß unter den Bedingungen des heutigen Kapitalismus es sich um antimonopolistische Reformen handelt, nicht um Sozialismus. Wo immer Gewerkschafter, Jungsozialisten und andere für solche antimonopolistischen Forderungen wie wirkliche Mitbestimmung, demokratische Investitionslenkung, für Verstaatlichung von Schlüsselindustrien bei demokratischer Kontrolle eintreten, treffen sich ihre politischen Forderungen auch mit unserer Politik, sind wir zu gemeinsamem Kampf bereit.

Wenn in der antimonopolistischen Demokratie die Macht der Monopole überwunden wird und der Kapitalismus als eigenständige Formation zu existieren aufhört, ist dann dieser so definierte Zustand nicht schon Sozialismus? Wodurch unterscheidet er sich denn vom Sozialismus?

So, wie es falsch wäre, die antimonopolistische Demokratie als eine Entwicklungsstufe des Kapitalismus zu betrachten – denn ein Kapitalismus mit einer vor der Arbeiterklasse geführten und gemeinsam mit allen anderen antimonopolistischen Kräften getragene Staatsmacht, in dem das Eigentum der Monopole in das Eigentum dieses Staates der antimonopolistischen Demokratie überführt wird, ist ja wohl schwer vorstellbar –, so wäre es auch nicht richtig, die antimonopolistische Demokratie mit dem Sozialismus gleichzusetzen. Zwischen der antimonopolistischen Demokratie und dem Sozialismus bestehen noch wichtige Unterschiede, und zwar sowohl politische als auch ökonomische. Der entscheidende Unterschied liegt in der politischen Reife der Arbeiterklasse und der Breite des Bündnisses, das die Macht ausübt. Während es für die politische Macht der Arbeiterklasse unerläßlich ist, daß die Mehrheit der Klasse bereits die Notwendigkeit des Sozialismus erkennt und bereit ist, mit „Leib und Leben" für den Sozialismus einzutreten, ist für die antimonopolistische Demokratie zunächst der Übergang der Arbeiterklasse auf antimonopolistische Positionen erforderlich.
Lenin hat die politische Macht der Arbeiterklasse, die Herrschaft im Sozialismus, definiert als eine „besondere Form des Klassenbünd-

nisses zwischen dem Proletariat, der Avantgarde der Werktätigen und den zahlreichen nichtproletarischen Schichten der Werktätigen (Kleinbürgertum, Kleinbesitzer, Bauernschaft, Intelligenz usw.) oder deren Mehrheit, eines Bündnisses gegen das Kapital, eines Bündnisses, um das Kapital restlos zu stürzen, den Widerstand der Bourgeoisie und Restaurationsversuche von ihrer Seite endgültig niederzuschlagen, eines Bündnisses, um den Sozialismus ein für allemal zu errichten und zu festigen" (W. I. Lenin, Rede „Über den Volksbetrug mit den Losungen Freiheit und Gleichheit", in: Werke, Bd. 29, Berlin 1965, S. 370).

Bei der antimonopolistischen Demokratie handelt es sich dagegen um eine Staatsmacht, die von einem von der Arbeiterklasse geführten Bündnis getragen wird, das breiter ist, dem neben anderen werktätigen Schichten auch nichtwerktätige, vom Monopolkapital bedrängte Schichten oder Teile dieser Schichten angehören können, die bereit sind, gegen das Monopolkapital zu kämpfen. Diese antimonopolistische Macht ist nicht gegen das gesamte Kapital, sondern gegen das Monopolkapital gerichtet. Sie hat die Aufgabe, den Widerstand des Monopolkapitals zu brechen, ihm durch die Enteignung der Monopole und ihre Überführung in Eigentum des Staates der antimonopolistischen Demokratie auch die ökonomische Macht zu nehmen.

Wenn ein solches breites antimonopolistisches Bündnis zustandekommt, werden auch neben dem gesellschaftlichen Eigentum des Staates der antimonopolistischen Demokratie für eine gewisse Übergangszeit noch kleines und mittleres Eigentum und das Produktionsmitteleigentum der kleinen Warenproduzenten in Stadt und Land weiterbestehen. Durch die Teilnahme nichtwerktätiger Schichten oder von Teilen dieser Schichten am Bündnis der antimonopolistischen Demokratie ist dieses Bündnis nicht frei von Widersprüchen und Auseinandersetzungen. Es hat also nicht jene innere Stabilität, die für das Klassenbündnis der Arbeiterklasse mit den übrigen Werktätigen im Sozialismus charakterisiert ist.

Das Bündnis der antimonopolistischen Demokratie muß also weitergeführt werden zur politischen Macht der Arbeiterklasse. Das erfordert die Weiterentwicklung des Bewußtseins und der Kampfkraft der Arbeiterklasse, die Stärkung der Positionen ihrer revolutionären Partei, den noch engeren Zusammenschluß der übrigen Werktätigen um die Arbeiterklasse durch die Hilfe für den genossenschaftlichen Zusammenschluß kleiner Eigentümer in Stadt und

Land; eine staatliche Wirtschaftspolitik, die z. B. durch staatliche Beteiligung an kleinen und mittleren kapitalistischen Betrieben deren Besitzern mehr und mehr eine ihren Fähigkeiten entsprechende Perspektive als Werktätige bietet; die Überwindung des Widerstands solcher nichtwerktätiger Kräfte, die gegen Maßnahmen des Staates der antimonopolistischen Demokratie konterrevolutionäre Aktionen organisieren. Mit der Führung der Arbeiterklasse im Bündnis der antimonopolistischen Demokratie werden dabei bereits in dieser Etappe des Kampfes wesentlich die Weichen für das weitere Voranschreiten zum Sozialismus gestellt.

Die antimonopolistische Demokratie ist also kein „Dritter Weg", auch nicht jenes „besondere demokratische Zwischenstadium" zwischen der Diktatur der Bourgeoisie und der politischen Macht des Proletariats, das Dimitroff auf dem VII. Weltkongreß der Komintern so heftig kritisierte?

Richtig. Darum heißt es in den Düsseldorfer Thesen: „Die DKP geht davon aus, daß die antimonopolistische und sozialistische Umwälzung miteinander verbundene Entwicklungsstadien in dem einheitlichen revolutionären Prozeß des Übergangs vom Kapitalismus zum Sozialismus sind. Deshalb ist der Kampf um die antimonopolistische Demokratie Bestandteil des Kampfes um den Sozialismus."

Zur antimonopolistischen Demokratie und ihren politischen Organen

Kann man davon ausgehen, daß das Organ in einer antimonopolisti-schen Demokratie oder später im Sozialismus, das die Volkssouve-ränität verkörpern soll, z. B. der Bundestag sein wird? Erhält dieses Organ einen neuen Klassencharakter?

Wir Marxisten gehen davon aus, daß es sich beim Parlament, ebenso wie z. B. bei Sowjets oder Räten um Formen handelt, die noch nichts über ihren Klasseninhalt aussagen. Es gab menschewistische So-wjets, die bereit waren, der konterrevolutionären bürgerlich-provi-sorischen Regierung die Macht zu übertragen, und es gab später die von den Bolschewiki mehrheitlich bestimmten Sowjets, die die Or-gane der ersten erfolgreichen sozialistischen Revolution wurden. Das gleiche gilt für das Parlament. Im übrigen sind ja alle solche Or-gane wie Sowjets, Parlamente usw. historisch durch die Schöpfer-kraft der Massen entstanden. Die Geschichte zeigt doch, daß sich Massenbewegungen noch immer Strukturen und Führungsorgane schufen. Das wird sicher auch in unserem Lande so sein. Das wichti-gere Problem wird dabei sein, die Einheit dieses gesamten Prozesses zu sichern, ein, die revolutionären Kräfte schwächendes Gegenein-ander zu verhindern und zugleich der Schöpfer- und Erfinderkraft der Massen freie Bahn zu schaffen.

Im übrigen aber gehen wir davon aus, daß der Klasseninhalt einer jeglichen solchen Form bestimmt ist durch die Klassenkräfte, die in dieser Institution die bestimmenden sind. Er wird bestimmt durch die Politik, die mit Hilfe eines solchen Instruments durchgesetzt wird. Angesichts der Tatsache, daß Parlamente in unserem Lande bereits eine längere Tradition haben und es auch eine Tradition der demokratischen und revolutionären Parlamentstätigkeit gibt, kann man davon ausgehen, daß sich mit größter Wahrscheinlichkeit in unserem Lande die Entwicklung über ein demokratisches und so-zialistisches Parlament vollziehen wird. Darum haben wir auch in den Düsseldorfer Thesen ausdrücklich formuliert: „Die DKP erstrebt die Umgestaltung auf der Basis der im Grundgesetz verkündeten demokratischen Prinzipien und Rechte." Natürlich müßte die Veränderung des politischen Kräfteverhältnisses in der Gesellschaft zugunsten der Arbeiterklasse und ihrer Verbündeten sich auch in einer veränderten Zusammensetzung des Bundestags niederschlagen. In dem Maße, wie die Arbeiterklasse ihrer gesellschaftlichen Stellung entsprechend maßgebend durch eigene Vertreter im Parlament zu Worte käme und im Interesse des Volkes gesetzgeberisch tätig wäre, würde sich auch der Klassencharakter des Bundestages selbst verändern.

In welcher Weise könnte man sich eine Beteiligung der Massen an den Staatsorganen vorstellen?

Hier möchten wir deutlich machen, daß der Kampf um mehr demokratische Rechte nicht erst eine Sache der antimonopolistischen Demokratie ist, sondern heute beginnen muß. In der Grundsatzerklärung, in den Thesen des Düsseldorfer Parteitags, in den Dokumenten des Hamburger und Bonner Parteitags haben wir dazu eine ganze Anzahl von konkreten Vorschlägen entwickelt:
Wir haben gefordert, die Notstandsgesetze, alle antidemokratischen Veränderungen oder Ergänzungen des Grundgesetzes, alle Gesetze und Verordnungen, durch die demokratische Grundrechte und Freiheiten eingeschränkt oder aufgehoben wurden, rückgängig zu machen. Wir fordern, daß die Gewerkschaften und andere demokratische Organisationen Einfluß auf die staatlichen Entscheidungen erhalten. Wir haben umfangreiche Mitbestimmungsforderungen formuliert, Volksabstimmungen, Volksbegehren und Volksentscheide gefordert, die gesetzlich festzulegende Verpflichtung, Vorschläge und Gutachten der Gewerkschaften bei wichtigen Gesetzgebungsmaßnahmen zu berücksichtigen. Wir fordern, daß bedeutende Gesetzesänderungen öffentlich diskutiert werden, das Streikrecht, einschließlich des Rechts auf den politischen Streik, ins Grundgesetz aufzunehmen und die Aussperrung für verfassungswidrig zu erklären. Wir fordern das uneingeschränkte Verhältniswahlrecht, die Abschaffung der undemokratischen Sperrklauseln bei Wahlen, die Beseitigung der staatlichen Parteienfinanzierung und die Erfüllung des Grundgesetzgebotes nach Offenlegung der Finanzierung der Parteien. Wir kämpfen für die Aufhebung des ver-

fassungswidrigen KPD-Verbots und gegen alle Repressalien, die sich gegen demokratische Kräfte richten.

Dies sind nur einige Hinweise auf demokratische Forderungen, die wir bereits heute erheben.

Im übrigen sind in einer antimonopolistischen Demokratie die Staatsorgane die Organe der Massen. Sie nehmen z. B. über die öffentliche Diskussion von Gesetzentwürfen unmittelbar, über ihre Organisationen mittelbar an der Arbeit der Staatsorgane teil und kontrollieren deren Tätigkeit.

Müssen neue Organe der antimonopolistischen Koalition in Stadt und Land (z. B. Räte, Volksausschüsse usw.) neben den bestehenden geschaffen werden; wenn ja, welche Organe zu welchem Zweck?

Wenn solche Organe nicht im konkreten Klassenkampf entstehen, kann kein Mensch sie schaffen. Wenn sie aber erst in diesem Kampf entstehen, können wir doch heute noch keine konkreten Angaben dazu machen.

Der antimonopolistische Staat wird die im ursprünglichen Grundgesetz der Bundesrepublik versprochenen demokratischen Rechte und Prinzipien verwirklichen; gibt es aber auch Maßnahmen, die darüber hinausgehen und von einer fortschrittlichen Regierung unbedingt realisiert werden müssen?

Das Wichtigste besteht darin, die politische und ökonomische Macht des Großkapitals zu überwinden. Was dazu notwendig ist, haben wir bereits oben beantwortet. Diese grundlegenden Umgestaltungen können auf der Basis der Normen des Grundgesetzes verwirklicht werden. Zu ihrer Durchsetzung bedürfen diese Forderungen einer breiten Massenbewegung, die stark genug ist, die Widerstände reaktionärer Kräfte zu überwinden. Das Grundgesetz schreibt keineswegs eine kapitalistische Wirtschaftsordnung und die politische Macht des Großkapitals vor, wie das Benda und andere behaupten.

Gerade durch die grundlegenden gesellschaftlichen Veränderungen würden für die im Grundgesetz verkündeten demokratischen Rechte und Freiheiten überhaupt erst reale gesellschaftliche Bedingungen geschaffen.

Ist die antimonopolistische Demokratie eine Art „Doppelherrschaft", in der neben der staatlichen Machtausübung der antimonopolistischen Koalition selbst noch Teile des Großkapitals auf dem ökonomischen Sektor existieren?

Der aus der Geschichte der russischen Revolution übernommene

Begriff Doppelherrschaft ist unseres Erachtens hier völlig fehl am Platz. Wir haben bereits betont, wenn eine antimonopolistische Demokratie erkämpft wird, wird es für eine gewisse Zeit neben dem Eigentum des Staates der antimonopolistischen Demokratie noch das Eigentum der kleinen Warenproduzenten in Stadt und Land, kleines, mittleres und – das hängt von den konkreten Bedingungen ab – in gewissem Maße auch größeres, nichtmonopolistisches kapitalistisches Eigentum geben.

Das hat aber mit Doppelherrschaft absolut nichts zu tun, weil die Arbeiterklasse im antimonopolistischen Bündnis bereits die entscheidende Kraft ist, und weil die produktions- und marktbeherrschenden Unternehmen, Banken usw. bereits in das Eigentum des von diesem Bündnis getragenen Staats der antimonopolistischen Demokratie übergehen.

Entwickelt sich in diesem Stadium die Wirtschaft noch nach den Gesetzen der kapitalistischen Akkumulation, werden damit die fortschrittlichen Maßnahmen nicht den Stopp privater Investitionen und somit zwangsläufig Stockungen und Krisen des Wirtschaftsmechanismus provozieren?

In der antimonopolistischen Demokratie werden die Monopole enteignet, d. h. dieser wesentlichste Bereich der Wirtschaft wird sich nicht mehr nach den Gesetzen der kapitalistischen Akkumulation entwickeln. Aber es gibt noch nichtmonopolistische kapitalistische Betriebe. Hier wirken sich durchaus noch Gesetze der kapitalistischen Ökonomie aus. Aber diese sind bereits in ihrer Wirkung begrenzt durch das Eigentum des Staates der antimonopolistischen Demokratie an den wichtigsten Produktionsmitteln in den Schlüsselbereichen, durch die antimonopolistische Steuer- und Kreditpolitik, das Außenhandelsmonopol des antimonopolistischen Staates, dessen Bankmonopol, durch demokratische Wirtschaftsplanung. Das alles schließt natürlich nicht aus, daß konterrevolutionäre Kräfte unter den Bedingungen einer antimonopolistischen Demokratie in mehr oder weniger starkem Maße noch die Möglichkeit haben, durch Maßnahmen der Wirtschaftssabotage die fortschrittliche Entwicklung zu stören. Diese Möglichkeiten werden in dem Maße beschränkt, wie es gelingt, gestützt auf das Bewußtsein und die Kampfbereitschaft der Arbeiterklasse und die Festigung der Beziehungen zu ihren Verbündeten die Voraussetzungen für den weiteren Vormarsch zum Sozialismus zu schaffen.

Fragen der Aktionseinheit
und Bündnispolitik

Auf dem Bonner Parteitag hat die DKP erneut erklärt: „Das Bemü-
hen um Aktionseinheit von Kommunisten und Sozialdemokraten
war, ist und bleibt unverzichtbarer Bestandteil der Politik und der
täglichen praktischen Arbeit unserer Partei. In diesem Sinne wer-
den wir Kommunisten auch künftig ohne Vorbehalte, geduldig und
aufgeschlossen das Gespräch mit den sozialdemokratischen Genos-
sen suchen." Wie schon früher, so hat die SPD-Führung auch dies-
mal dieses Angebot abgelehnt. Sie hat es als lächerlich, als Anbiede-
rung abzutun versucht, als Taktik, mit der die Kommunisten die So-
zialdemokraten spalten wollten. Was habt ihr dazu zu sagen?

Aktionseinheit der Arbeiterklasse, vor allem von Kommunisten und
Sozialdemokraten ist eine objektive Notwendigkeit, die sich daraus
ergibt, daß es in der Arbeiterbewegung unterschiedliche politische
und weltanschauliche Strömungen gibt. Zugleich steht die Arbeiterklasse jedoch einem mächtigen, gegenüber der Arbeiterklasse
einheitlich handelnden Gegner, der vereinigten Macht von Monopolen und monopolkapitalistischem Staat gegenüber. Gegen diesen
Gegner kann sie sowohl im Tageskampf wie im Ringen um grundlegende gesellschaftliche Umgestaltungen nur dann Erfolge erringen,
wenn sie ihre Kräfte zum einheitlichen Handeln zusammenführt.
Allerdings bedeutet Aktionseinheit für uns nicht prinzipienlose
Einheit, nicht Einheit um jeden Preis. Sie heißt: durch das Zusammenwirken der verschiedenen Kräfte und Strömungen der Arbeiterbewegung, ungeachtet ihrer politischen und weltanschaulichen
Meinungsverschiedenheiten, die gemeinsamen politischen und sozialen Interessen in der Aktion zu verwirklichen. Das bedeutet, daß
Grundlage für die Aktionseinheit nicht die Einheit der Weltanschauung, die Einheit in allen politischen Fragen sein kann. Allerdings verlangt Aktionseinheit gemeinsame Interessen, gemeinsame
oder ähnliche Ansichten und Forderungen in den Fragen, für die

man gemeinsam eintreten will. Wo es keine gemeinsamen oder annähernden Positionen gibt, ist auch ein gemeinsames Handeln nicht möglich.

Das haben wir stets öffentlich erklärt. Von Anbiederung an die SPD könnte doch nur dann die Rede sein, wenn wir unsere grundsätzlichen Meinungsverschiedenheiten verschweigen und uns einfach ihnen „kumpelhaft" anbiederten. Aber gerade das tun wir nicht. Das Argument von der Anbiederung hat ganz einfach die Funktion: Es soll tarnen, daß die rechtssozialdemokratischen Führer dem Kapital dienen, die Spaltung der Arbeiterklasse aufrechterhalten wollen und darum die Aktionseinheit sabotieren.

Was das Argument von der Lächerlichkeit angeht, so wäre es zutreffend, wenn die von uns vorgeschlagene Politik ergebnislos wäre. Wir sind bereit, das der Probe der Praxis auszusetzen. Offensichtlich haben sozialdemokratische Führer davor Angst. Soweit es um die uns oftmals vorgeworfene, heute noch zahlenmäßige Schwäche der Kommunisten in unserem Lande angeht, verweisen wir darauf, daß die Kommunisten auch in jenen Ländern, wo sie stärker sind als die Sozialdemokraten, für Aktionseinheit eintreten, weil Aktionseinheit für uns keine Frage der Taktik, sondern ein unabdingbarer Bestandteil unserer Generallinie für den Kampf um die Durchsetzung von Tagesinteressen der Arbeiter ebenso wie für das Ringen um antimonopolistische Demokratie und Sozialismus ist.

Übrigens geht es nicht vorrangig darum, wie schwach oder stark jemand quantitativ ist, sondern darum, ob seine Politik richtig ist. Und was unsere Stärke angeht, sollte auch nicht vergessen werden, daß wir Bestandteil der größten geschichtlichen Kraft sind, die es gegenwärtig gibt, der Weltbewegung der Kommunisten.

Die geschichtlichen Erfahrungen beweisen, daß die Politik der Aktionseinheit im Interesse sowohl der Sozialdemokraten als auch der Kommunisten liegt: Ohne die Aktionseinheit von Kommunisten und Sozialdemokraten wäre 1920 der Kapp-Putsch nicht niedergeworfen worden. Ohne die Aktionseinheit von Kommunisten und Sozialdemokraten wäre in Frankreich in den dreißiger Jahren der anstürmende Faschismus nicht aufgehalten worden. Hätten sich Kommunisten und Sozialdemokraten vor 1933 in Deutschland zur Aktionseinheit zusammengefunden, so wäre der Machtantritt des Faschismus mit allen seinen furchtbaren Folgen für unser Volk und für die Völker Europas verhindert worden. Hätten Kommunisten und Sozialdemokraten nach 1945 auf dem Boden der drei Westzonen zur

Aktionseinheit zusammengefunden, so wäre die Wiederherstellung des kapitalistischen Systems gewiß verhindert worden, die ganze europäische Wirklichkeit von heute sähe ganz anders aus.

Geschichte und Gegenwart bestätigen die auf unserem Bonner Parteitag getroffene Feststellung: ,,Von welcher Seite aus man die Dinge auch betrachtet, die Notwendigkeit der Zusammenarbeit von Sozialdemokraten und Kommunisten ist nicht wegzudenken. Denn es steht außer Zweifel, daß gemeinsames Handeln von Kommunisten und Sozialdemokraten auch in der Bundesrepublik die Kräfte der Arbeiterklasse im Kampf gegen die Monopole nur vergrößern kann. Und es ist gewiß, daß das Zusammengehen von Sozialdemokraten und Kommunisten auch die christlich gesinnten Werktätigen in seinen Bann zieht und sie ermuntert, sich dem gemeinsamen Kampf anzuschließen.'' (Bericht des Parteivorstandes der DKP an den Bonner Parteitag, S. 41/42.)

Aktionseinheit von Kommunisten und Sozialdemokraten in unserem Lande ist aber nicht nur unabdingbar notwendig, sondern auch möglich. Das beweist die Praxis des Zusammenwirkens von Kommunisten und Sozialdemokraten in Betrieben und an Hochschulen, in Bürgerinitiativen und in Aktionen gegen Berufsverbote, in der antiimperialistischen Solidarität und in Aktivitäten für Entspannung und Abrüstung.

Die Arbeiterklasse umfaßt heute etwa drei Viertel der Bevölkerung in der Bundesrepublik. Eine Kernfrage antimonopolistischer Politik ist deshalb die Aktionseinheit der Arbeiterklasse. Wenn es gelänge, die Solidarität der Arbeiter und Angestellten, die Aktionseinheit, das einheitliche Handeln als Klasse herzustellen, wäre der entscheidende Schlag gegen das herrschende System erreicht. Daraus folgern manche ernsthafte Kritiker des Spätkapitalismus, es wäre überhaupt nichts in der Bundesrepublik gewonnen, wenn die Bündnispartner zum Bündnis bereit seien, solange die Arbeiterklasse zersplittert bleibe. Deshalb, so wird behauptet, sei die Bündnisfrage in den Metropolen sekundär. Weshalb ist für eine marxistische Arbeiterpartei die Bündnisfrage beim Kampf um progressive antimonopolistische Veränderungen dennoch von zentraler Bedeutung?

Zunächst handelt es sich bei der Aktionseinheit noch nicht um den entscheidenden Schlag gegen das herrschende System, sondern um die wichtigste Voraussetzung dafür, diesen entscheidenden Schlag erfolgreich führen zu können. Im übrigen ist die Fragestellung, daß die Bündnispartner zum Bündnis bereit seien, die Arbeiterklasse aber noch zersplittert ist, abstrakt, konstruiert.

Zwischen der Aktionseinheit der Arbeiterklasse und dem breiten antimonopolistischen Bündnis besteht ein dialektischer Zusammenhang. Die Aktionseinheit der Arbeiterklasse ist der Kristallisationspunkt, um den herum sich ein breites antimonopolistisches Bündnis sammelt. Andererseits hat die Entwicklung des Bündnisses eine gewisse Rückwirkung auf die Entwicklung der Aktionseinheit der Arbeiterklasse. Wir haben dazu in dem Taschenbuch „Probleme der Strategie des antimonopolistischen Kampfes" gesagt, „daß es bei der Bündnispolitik nicht nur um die Einbeziehung anderer Werktätiger, bzw. nichtmonopolistischer Teile der Bourgeoisie in den gemeinsamen Kampf mit der Arbeiterklasse gegen das Monopolkapital geht. Es wird häufig übersehen, daß sie vielmehr auch von großer Bedeutung für die Gewinnung der Mehrheit der Arbeiterklasse selbst ist. Bedeutende Teile der Arbeiterklasse leben noch in kleinbürgerlichem Milieu, z. B. als Pendler vom Lande, die zum Teil noch selbst eine kleine Landwirtschaft nebenher betreiben, sind noch auf die eine oder andere Weise mit der kleinen Warenproduktion verbunden, stehen unter besonders starkem Einfluß der bürgerlichen Ideologie, z. B. solcher Vorstellungen, daß die Sozialisten alles Eigentum, einschließlich des Eigentums am Auto und am Einfamilienhaus, beseitigen wollten. In richtiger Bündnispolitik hier klarzustellen, daß der Kampf gegen das monopolkapitalistische Eigentum an den entscheidenden Produktionsmitteln, um dessen Enteignung geführt wird und nicht um die Proletarisierung der kleinen Eigentümer, ist darum von nicht zu unterschätzender Bedeutung für die Entwicklung eines antimonopolistischen Bewußtseins in der Arbeiterklasse selbst und damit für die Entfaltung ihrer Aktionseinheit im Kampf gegen die Monopole." (W. Gerns/R. Steigerwald, Probleme..., S. 43 f.)

Vielleicht sollten wir aber doch noch einmal kurz auf die prinzipielle Bedeutung der antimonopolistischen Bündnispolitik eingehen. Der staatsmonopolistische Kapitalismus stellt mit der Vereinigung der Macht der Monopole und des Staates ein Machtkartell dar, das nur durch eine starke Gegenkraft überwunden werden kann. Diese wird um so machtvoller sein, je mehr es gelingt, alle potentiellen Gegner des staatsmonopolistischen Kapitalismus in den Kampf einzubeziehen. Daraus ergibt sich die Notwendigkeit des Bündnisses.

Dieses Bündnis ist aber nicht nur notwendig, sondern es ist auch objektiv möglich. Es ist aus ökonomischen und politischen Gründen möglich.

Die Monopole und ihr Staat beuten nicht nur die Arbeiterklasse aus, sie plündern durch das monopolistische Preisdiktat, durch die unsoziale Steuer- und Finanzpolitik auch die Bauern, Handwerker und kleinen Gewerbetreibenden, die große Masse der Intelligenz aus. Mit Hilfe der Umverteilung des Nationaleinkommens über den Staatshaushalt legt der Staat des Monopolkapitals im Interesse maximaler Profite der Großkonzerne seine Hand sogar auf einen Teil der Profite, die das nichtmonopolistische Kapital aus den Arbeitern in seinen Betrieben herauspreßt. All das schafft Interessenkonflikte zwischen dem Monopolkapital und seinem Staat einerseits, der großen Masse des Volkes auf der anderen Seite, in bestimmten Fragen bis hin zu Teilen der nichtmonopolistischen Bourgeoisie.

Diese Widersprüche sind allerdings nicht nur ökonomisch begründet. Sie finden zugleich ihren Ausdruck in politischen Interessengegensätzen. So sind Militarisierung und Rüstungspolitik, die den Rüstungskonzernen Superprofite bringen, nicht nur für die Arbeiterklasse, sondern auch für die übrigen werktätigen Schichten und selbst für die nichtmonopolistische Bourgeoisie sowohl eine ungeheuere materielle Belastung, als auch durch die davon ausgehende Kriegsgefahr eine ständige Bedrohung ihrer physischen Existenz. Der weitere Abbau demokratischer Rechte und Freiheiten, der im Interesse der Sicherung der Herrschaft des Monopolkapitals vor sich geht, greift ebenfalls tief in das Leben der breiten Masse der Bevölkerung ein. So ist z. B. der Ausbau des Bundesgrenzschutzes zur Bürgerkriegstruppe im Innern nicht nur eine potentielle Bedrohung streikender Arbeiter. Er bedroht in gleichem Maße Bauern, die gegen das Preisdiktat der Monopole demonstrieren, Schüler, Studenten, Professoren, die gegen die Bildungsmisere, für eine demokratische Bildungsreform auf die Straße gehen.

Wir wissen natürlich, daß es für die antimonopolistische Bündnispolitik ernste Schwierigkeiten und Probleme gibt. Diese ergeben sich vor allem aus dem schwankenden Charakter der kleinbürgerlichen Schichten, die der Hauptadressat der Bündnispolitik der Arbeiterklasse sind, und daraus, daß die kleinen und mittleren Kapitalisten natürlich nicht nur gegensätzliche Interessen zum Monopolkapital haben, sondern gleichzeitig in wichtigen Fragen durch unversöhnliche Widersprüche von der Arbeiterklasse getrennt sind. Die schwankende Rolle der Mittelschichten in Stadt und Land ergibt sich daraus, daß sie einerseits Werktätige sind, was sie mit der Arbeiterklasse verbindet, andererseits aber, z. B. als Bauern oder Handwerker, noch Produktionsmittel besitzen, woraus bestimmte Eigentumsinteressen erwachsen, die das Monopolkapital nutzen kann. Diejenigen Angehörigen der Mittelschichten, die keine Produktionsmittel besitzen und z. B. in mittleren Leitungspositionen oder als hochdotierte Wissenschaftler ihre Arbeitskraft an das Monopolkapital oder seinen Staat verkaufen, stammen zu einem beträchtlichen Teil aus Schichten bürgerlicher und kleinbürgerlicher Besitzer von Produktionsmitteln, so daß sie mit deren Mentalität behaftet sind. Sie nehmen gegenüber der Arbeiterklasse eine privilegierte Stellung ein, werden materiell und ideologisch an das staatsmonopolistische System gebunden.

Auf die Tatsache, daß es zwischen Arbeitern und kleinen bzw. mittleren Unternehmern nicht nur Gemeinsamkeiten gegenüber dem Monopolkapital, sondern in wichtigen Fragen auch widersprüchliche Interessen gibt, macht vor allem jeder Lohnkampf aufmerksam, in dem der Kleinkapitalist in gemeinsamer Front mit dem Großkapital gegen die Arbeiter kämpft. Wenn man diese Widersprüche vertuschen wollte, so wäre das nicht Bündnispolitik, sondern Opportunismus.

Es darf auch nicht übersehen werden, daß der Status vieler kleiner und mittlerer Kapitalisten als Konzernzulieferer für ihr Denken und Verhalten zwei Seiten hat. Einerseits sehen sie ihre wachsende Abhängigkeit, andererseits meinen nicht wenige, daß ihnen dieser Status eine größere Sicherheit im Dschungel des kapitalistischen Konkurrenzkampfes gibt. Diese Vorstellung erweist sich allerdings in Zeiten der Krise oder tiefgehender struktureller Veränderungen des betreffenden Konzerns als Illusion.

Die Realisierung der objektiven Möglichkeiten für das Bündnis der Arbeiterklasse mit den anderen nichtmonopolistischen Schichten wird nicht zuletzt auch durch einen tief eingewurzelten Antikommunismus behindert. Die verlogene Behauptung der Ideologen des Monopolkapitals, daß Kommunisten in Bündnispartnern nur „nützliche Idioten" sähen, fällt noch auf einen günstigen Boden. Hier muß in geduldiger Überzeugungsarbeit der Nachweis geführt werden, daß der gemeinsame Kampf gegen das Monopolkapital, für eine antimonopolistische Demokratie auf dem Weg zum Sozialismus nicht nur den Interessen der Arbeiterklasse, sondern auch denen der übrigen nichtmonopolistischen Teile der Bevölkerung entspricht.

Bei Beachtung aller Schwierigkeiten und Widersprüche muß die Politik der Arbeiterklasse darauf gerichtet sein, die kleinbürgerlichen Schichten auf ihre Seite zu ziehen, kleine und mittlere Kapitalisten in solchen Fragen, in denen sich die Möglichkeit dazu ergibt, in Bündnisse, und seien das auch sachlich und zeitlich noch so sehr begrenzte Bündnisse, gegen das Monopolkapital und seinen Staat einzubeziehen. Das ist zweifellos eine komplizierte Aufgabe. Sie wird um so realer, je mehr es die Arbeiterklasse und ihre revolutionäre Partei verstehen, die marxistischen Grundsätze antimonopolistischer Bündnispolitik zu berücksichtigen.

Wer im übrigen davon spricht, daß Bündnispolitik heute sekundär sei, der übersieht entweder, daß es sich bei den potentiellen Bündnispartnern immerhin noch um etwa zwanzig Prozent der erwerbstätigen Bevölkerung der Bundesrepublik handelt oder er unterschätzt das staatsmonopolistische Machtkartell, wenn er „großzügig" auf diese zwanzig Prozent als Bündnispartner verzichtet.

Welche Bedeutung und Zukunft haben in einer neuen demokratischen Ordnung der gewerbliche Mittelstand, die Bauern, Lehrer, Wissenschaftler und Künstler?

Selbstverständlich haben Lehrer, Wissenschaftler und Künstler nicht nur in der antimonopolistischen Demokratie, sondern auch im Sozialismus eine große Perspektive, eine größere als im Kapitalismus, wo sie, wie schon Marx und Engels im „Manifest der Kommunistischen Partei" sagen, zum bezahlten Lohnarbeiter der Bourgeoisie degradiert werden. Sie haben eine bessere Perspektive, weil im Prozeß des Übergangs vom Kapitalismus zum Sozialismus das Bildungsprivileg überwunden, Bildung, Wissenschaft und Kunst in zunehmendem Maße Besitz des ganzen Volkes werden und sie ungeahnte Entwicklungsmöglichkeiten erlangen, weil sie sich frei von den Schranken des Profitprinzips entfalten, wirklich im Dienst des arbeitenden Volkes wirken können. Außerdem wird sich die Intelligenz in zunehmendem Maße aus der Arbeiterklasse und den übrigen Werktätigen zusammensetzen.

Die Brechung der politischen und ökonomischen Macht des Monopolkapitals in der Bundesrepublik schafft neue Entwicklungsmöglichkeiten für die Bauern und den gewerblichen Mittelstand, weil dies sie vom Druck des Monopolkapitals befreit.

Zugleich haben wir Kommunisten niemals verschwiegen, daß wir für die sozialistische Gesellschaftsordnung kämpfen, deren Wesen in der politischen Macht der Arbeiterklasse im Bündnis mit den übrigen Werktätigen und der Überführung aller wichtigen Produktionsmittel in gesellschaftliches Eigentum besteht.

Durch die Hilfe, die der Staat der antimonopolistischen Demokratie bei der genossenschaftlichen Organisation der Bauern, Handwerker usw. gewährleistet, wird diesen Schichten geholfen, sich besser den neuen Erfordernissen der Entwicklung der Produktivkräfte anzupassen und ihnen auch eine Perspektive für den Sozialismus eröffnet.

In der „Etappe der Entscheidung", wenn es um die Errichtung, Stabilisierung und Weiterführung einer antimonopolistischen Demokratie geht, wird dann das Kleinbürgertum – wie es sich in Chile oder auch in Portugal gezeigt hat – in die soziale Zwickmühle geraten; wird es nicht automatisch zum Hauptgegner der Revolution?

Zunächst haben wir bereits auf einige der Schwierigkeiten auf diesem Gebiet aufmerksam gemacht. Vielleicht sollten wir aber auch noch auf einen wichtigen Unterschied hinweisen: Das Kleinbürgertum ist in Chile und Portugal weit stärker als bei uns. Aber richtig ist, daß es seiner ganzen Natur nach schwankt, was in seiner sozialen Lage und deren Bedrohung begründet ist, worüber wir uns schon äußerten. Solches Schwanken nach rechts von seiten des Kleinbürgertums ist natürlich nicht ausgeschlossen und stellt für uns tatsächlich eine große Gefahr dar. Um es zu verhindern, müssen wir eine solche Politik entwickeln, mit der wir dieser Gefahr entgegenwirken können. Wir müssen uns immer wieder fragen: Welche politischen, ökonomischen und sozialen Maßnahmen kann die Arbeiterklasse ergreifen, um kleinbürgerliche Schichten in den Stoß gegen das Monopolkapital mit einzubeziehen? Wie müssen bestimmte Forderungen und Aufgaben differenziert werden? Wie müssen die Kampfformen gewählt werden, um den Stoß vor allem gegen das Monopolkapital zu richten? Das wichtigste ist hier, wie auch in anderen Bereichen, das einheitliche Handeln der Arbeiterklasse als Kristallisationskern eines breiten Bündnisses herzustellen, Massen zu gewinnen, denn die Gefahr des Schwankens der kleinbürgerlichen Kräfte nach rechts wird um so geringer, je mehr auf unserer Seite Massen gegen das Monopolkapital kämpfen.

Auf dem Bonner Parteitag wurde festgestellt, daß die DKP ganz entschieden für eine breite Front aller Linkskräfte eintritt. Was ist darunter zu verstehen; welche Kräfte sind damit gemeint?

Unter Linkskräften verstehen wir jene politischen Kräfte, Organisationen, Gruppierungen, die in der einen oder anderen Weise, in diesem oder jenem Umfang bereits für eine linke Politik, d. h. für die Zurückdrängung und schließliche Überwindung der Macht des Großkapitals, für eine auf die Öffnung des Weges zum Sozialismus gerichtete Politik eintreten.

Gibt es benennbare politische Gruppen bzw. Organisationen, mit denen sich die DKP auf lange Sicht hin auf ein bestimmtes Etappenziel einigen könnte, und gibt es schon Erfahrungen mit bündnisfähigen Linkskräften?

In jedem Fall sind hier neben der DKP und den eng mit ihr verbundenen Organisationen wie der SDAJ, dem MSB Spartakus Sozialdemokraten und mit ihr verbundene oder ihr nahestehende Jugendorganisationen wie die Jungsozialisten und die Falken zu nennen, linkssozialistische Gruppierungen und Diskussionskreise, selbstverständlich die Gewerkschaften, die Naturfreunde, aber auch christlich orientierte Werktätige, bestimmte Kräfte der Jungdemokraten sowie demokratische Wissenschaftler-Organisationen und auch nichtorganisierte demokratische Künstler, Intellektuelle und andere. Es ist kein Zufall, daß es gerade in der Zusammenarbeit dieser Kräfte, trotz unbestreitbarer Meinungsverschiedenheiten und Probleme, beachtenswerte positive Erfahrungen gibt, etwa bei der Arbeit in den Betrieben und Gewerkschaften, in der Antiatom-, Antinotstands-, Antiberufsverbotsbewegung, in der internationalen Solidarität für Vietnam, Chile, Angola, ebenso im Kampf um demokratische Veränderungen im Bildungswesen usw.

Es fällt auf, daß ihr hierbei die Maoisten nicht erwähnt.

In unserer Bündnispolitik geht es uns darum, möglichst breite Massen in das gemeinsame Handeln für gemeinsame Interessen gegen den gemeinsamen Feind einzubeziehen. Dabei zeigt sich in allen demokratischen Bündnissen, daß die Maoisten mit ihrer Politik objektiv nicht auf der Seite der Linkskräfte, sondern auf der Seite jener stehen, gegen die das Bündnis handeln muß.

Nehmen wir doch ein paar Beispiele:

Im Kampf um die Durchsetzung der Verträge von Moskau, Warschau, Berlin, für die Konferenz über Sicherheit und Zusammenarbeit in Europa in Helsinki, bei der großen Abrüstungsdemonstration im Mai 1976 in Bonn haben breite demokratische Kräfte zusammengewirkt. Die Maoisten haben dagegen genau wie Strauß und oft mit der gleichen Argumentation wie die faschistische „Nationalzeitung" diese Aktivitäten verleumdet und zum Teil durch terroristische Handlungen zu stören versucht.

Während die demokratischen Kräfte für Entspannung, Abrüstung, für die Durchsetzung der Prinzipien der friedlichen Koexistenz, für den Frieden kämpfen, unterstützen die Maoisten die Politik der Pekinger Führung, die eine Stärkung der NATO, eine Vermehrung amerikanischer Truppen in Europa, die verstärkte Aufrüstung der Bundeswehr gegen die Sowjetunion fordert. Wie soll es da ein Bündnis geben können?

Nehmen wir den Kampf um die demokratischen Rechte und Freiheiten. Bis weit hinein in die Reihen der Sozialdemokraten, der Liberalen, christlicher Kräfte reicht die Front derer, mit denen wir gemeinsam gegen den Abbau demokratischer Rechte, insbesondere gegen die Berufsverbote auftreten, und in vielen Fällen ist es dabei zu gemeinsamen Aktivitäten gekommen. Die Maoisten jedoch verteidigen im Grunde genommen die Berufsverbote mit den gleichen Argumenten wie ihre schärfsten Einpeitscher, indem sie wie diese erklären, Berufsverbote widersprächen nicht dem Grundgesetz. Jene maoistische Gruppe, die sich zur Irreführung mit Duldung und Unterstützung der Behörden den Namen der nach wie vor verbotenen KPD aneignen konnten, geht noch weiter und fordert, wie Strauß und die Neonazis, die noch rigorosere Anwendung der Berufsverbote gegen Mitglieder der DKP.

Als ein Beispiel für diese Behauptung, die manchem vielleicht unglaubwürdig scheint, mag ein Artikel in der „Roten Fahne" vom 30. 7. 1975 dienen: „Große Zustimmung fand die Linie der KPD an dieser Kampffront in Bremerhaven: dort soll der Spitzenkandidat der DKP, Behrens, aus dem Schuldienst entlassen werden ... Die DKP fordert: Behrens ins Parlament – Behrens in den Schuldienst. Dagegen sind die Genossen in Bremerhaven in die Offensive gegangen! Keine Stimme für die 5. Kolonne des Sozialimperialismus – der DKP –, die Arbeiterklasse braucht keine Sozialfaschisten als Lehrer." Im übrigen liefern die Maoisten durch ihr verantwortungsloses Geschwätz vom bewaffneten Aufstand als einzig möglichem Weg zum Sozialismus den rechten Kräften den Vorwand für den immer weiteren Abbau der demokratischen Rechte und Freiheiten. Wie soll es da ein Bündnis mit ihnen geben können?

Eine der entscheidenden Kräfte, von deren Mitwirkung der Erfolg eines jeden Kampfes um Frieden, Demokratie und sozialen Fortschritt abhängt, ist die größte Organisation der Arbeiterklasse, sind die Gewerkschaften. Die Maoisten stehen im Grunde auch in dieser Frage auf der Seite der Reaktion, auf der Seite des Großkapitals, indem sie direkt oder indirekt über eine sogenannte RGO-Politik, über „Fraktionen in den Gewerkschaften", über Spalterlisten bei Betriebsratswahlen die Gewerkschaften zu spalten und zu schwächen versuchen. Mit solchen Kräften kann es doch keine Zusammenarbeit geben. Sie stehen auf der Seite jener, gegen die der Kampf geführt werden muß.

Ihr habt sowohl bei der Aktionseinheits- als auch bei der Bündnispolitik von Christen gesprochen. Aber steht nicht beide Male der unüberbrückbare Gegensatz von Marxisten und Christen im weltanschaulichen Bereich dem im Wege?

Wir gehen davon aus, daß das Verhältnis von Marxisten und Christen zwei Seiten hat, eine praktisch-politische und eine weltanschaulich-philosophische. Die politische Seite steht dabei für uns absolut im Vordergrund. Die wichtigste gesellschaftliche Trennungslinie verläuft für die DKP als marxistischer Partei der Arbeiterklasse nicht zwischen Christen und Atheisten, sondern zwischen der Arbeiterklasse und den übrigen Werktätigen auf der einen und dem die arbeitenden Menschen ausbeutenden und unterdrückenden Großkapital auf der anderen Seite.

Die Folgen der kapitalistischen Profitwirtschaft in unserem Lande tragen die Arbeiter und Angestellten, die Bauern und Handwerker, die lohnabhängigen Mittelschichten, unabhängig davon, welcher Partei sie angehören und welche Weltanschauung sie vertreten. Von der Arbeitslosigkeit, den ständig steigenden Preisen, den Wuchermieten, der unsozialen Steuerpolitik, der wachsenden Arbeitshetze und zunehmenden Frühinvalidität werden die christlichen Arbeiter nicht weniger betroffen als ihre kommunistischen Kollegen.

Die katastrophale Bildungsmisere, die Versäumnisse im Gesundheits- und Verkehrswesen, die Zerstörung der Umwelt durch die Konzerne trifft christliche und kommunistische Werktätige in gleicher Weise. Die steigenden Rüstungslasten müssen die Arbeiter unabhängig von Weltanschauung und Parteizugehörigkeit bezahlen. Der Abbau der demokratischen Rechte und Freiheiten richtet sich gegen die ganze Arbeiterklasse und alle Werktätigen, denn wenn der Bundesgrenzschutz z. B. gegen streikende Arbeiter eingesetzt wird, wofür mit der Erweiterung seiner Kompetenzen die Voraussetzungen geschaffen wurden, dann wird ganz sicherlich, bevor geschlagen wird, nicht gefragt werden, wer von den Arbeitern Christ und wer Kommunist ist.

Das Verhältnis von christlichen und kommunistischen Arbeitern ist darum für uns in aller erster Linie ein Klassenverhältnis. Die Hauptform der Zusammenarbeit von Kommunisten und Christen vollzieht sich in den Betrieben und Gewerkschaften. Der Kampf um die Herstellung der Aktionseinheit, das gemeinsame Handeln von Sozialdemokraten, Kommunisten, christlichen und parteilosen Arbeitern ist, wie wir bereits betonten, eine Kernfrage kommunistischer Politik. Im gemeinsamen Handeln in Betrieb und Gewerkschaft streiten christliche und kommunistische Arbeiter nicht über das Paradies im Himmel, sondern sie kämpfen gemeinsam gegen die schlimmsten Mißstände des kapitalistischen Systems, für ein besseres Leben auf der Erde. Dabei stehen gläubige und atheistische, sozialdemokratische, kommunistische und parteilose Arbeiter auf der einen Seite, christliche und atheistische Konzernherren auf der anderen. Die streikenden christlichen Arbeiter verbindet nichts mit den Großaktionären oder Spitzenmanagern des Konzerns, gegen den sie streiken oder von dem sie ausgesperrt werden, ob diese Bosse nun der Kirche angehören mögen oder nicht. Aber sie verbindet alles mit ihren kommunistischen oder sozialdemokratischen Arbeitskollegen.

Eine weitere Form der Zusammenarbeit zwischen Christen und Kommunisten ist das Zusammenwirken in breiten Bündnissen zur Verteidigung und Erweiterung demokratischer Rechte und Freiheiten, im Kampf um Abrüstung und Entspannung, in den Bewegungen gegen imperialistische Aggression und neokolonialistische Unterdrückung. An diesen Bündnissen nehmen nicht nur christliche Arbeiter und Angestellte, sondern auch Christen teil, die den Mittelschichten und der Intelligenz angehören. In zunehmendem Maße haben sich Geistliche beider Konfessionen engagiert. Das Bündnis von christlichen Friedensanhängern und Demokraten mit Kommunisten ist dabei heute keine Frage nur theoretischer Erörterungen mehr. Es hat sich in der Praxis bewährt, im Kampf gegen den schmutzigen Krieg der USA in Indochina, in Aktionen gegen den Kolonialismus, im Kampf um die Verträge von Moskau, Warschau und Berlin, in der Bewegung gegen die Berufsverbote für Kommunisten und andere Dmokraten. Auch in diesen Auseinandersetzungen standen und stehen Kommunisten und Christen auf der einen Seite, die das Christentum in ihrem Parteinamen okkupierenden kalten Krieger Strauß und Kohl sowie die Haie der Rüstungsindustrie, unabhängig davon, ob sie der Kirche angehören oder nicht, auf der anderen Seite.

Wir Kommunisten werden auch in Zukunft alles tun, um die breiten Bündnisse von Demokraten und Friedensanhängern unabhängig von politischer und weltanschaulicher Überzeugung zu fördern. Schließlich ist eine Form der Zusammenarbeit zwischen Christen und Kommunisten heute das freimütige, vorurteilslose Gespräch über aktuelle Grundfragen unserer Zeit. Die Marxisten sind immer für ein solches Gespräch eingetreten. Wenn es erst in jüngster Zeit in der Bundesrepublik auf einer etwas breiteren Ebene eröffnet wurde, dann liegt dies daran, daß reaktionäre Kirchenführer mit ihrem militanten Antikommunismus dieses Gespräch bisher beeinträchtigt oder verhindert haben.

In der Absicht, den Dialog zwischen Christen und Kommunisten zu führen, lassen wir uns auch nicht von solchen Kirchenführern beeinflussen, die bemüht sind, das Gespräch dadurch unwirksam zu machen, daß sie versuchen, es gewissermaßen um seiner selbst willen zu führen und auf das Abstellgleis abstrakten Theoretisierens zu schieben.

Wir Kommunisten sind für eine solche Form des Gesprächs zwischen Kommunisten und Christen, das zumindest ein Minimum an Übereinstimmung und Gemeinsamkeit im Kampf für Frieden, Demokratie und gesellschaftlichen Fortschritt ermöglicht. Wir sagen nachdrücklich: Wir sind offen für jedes Gespräch. Dabei ist es notwendig, die drängenden Fragen der Zeit zu beantworten. Wir wissen, daß es im Bereich der Weltanschauung zwischen Marxisten und

Christen letztlich einen unüberbrückbaren philosophischen Gegensatz gibt. Indem wir die weltanschaulichen Standpunkte der Christen achten, sind wir doch der Meinung, daß zwar keine Gegensätze vertuscht, in den Vordergrund jedoch die sich verbreiternden objektiven Möglichkeiten des Zusammenwirkens im Bereich der Politik und Ökonomie gerückt werden sollten.

Gibt es einen kommunistischen Führungsanspruch?

Der Arbeiterklasse kommt im Kampf für Demokratie und Sozialismus die Rolle der Avantgarde zu. Wenn diese Rolle auch von der DKP beansprucht wird, könnten dies die anderen Linkskräfte nicht als ein überhebliches und ungeeignetes Prinzip ansehen, weil es doch die Gleichberechtigung zwischen den verschiedenen Sektoren und Strömungen einer späteren antimonopolistischen Allianz beeinträchtigte?

Wir denken, daß man hier zwei verschiedene Dinge auseinanderhalten muß. In der Tat ist die Arbeiterklasse unter den heutigen Bedingungen aus objektiven Gründen die führende Klasse im Kampf um den gesellschaftlichen Fortschritt. Sie ist die Klasse, die die Masse der gesellschaftlichen Werte erzeugt. Sie ist die Klasse, die mit der Hauptform der modernen Produktion, der industriellen Produktion direkt verbunden ist und ständig wächst, während alle anderen Klassen zahlenmäßig und nach ihrem sozialen Gewicht zurückgehen. Sie ist die Klasse, die in Großbetrieben zusammengeballt, organisiert und diszipliniert ist, die am ehesten fähig ist, große Kampfaktionen auszulösen. Sie ist die Klasse, die durch keinerlei Sonderinteressen, keinerlei Interessen an der Verteidigung von irgendwelchem Privateigentum an Produktionsmitteln oder irgendwelcher Privilegien an der Aufrechterhaltung des bestehenden Systems interessiert ist. Die objektiven Interessen der Arbeiterklasse erfordern die Überwindung des Kapitalismus durch den Sozialismus. Darum kommt, von der Geschichte der Gesellschaft auf die Tagesordnung gesetzt, der Arbeiterklasse die führende Rolle im Kampf um den gesellschaftlichen Fortschritt zu.

Das gilt übrigens nicht erst im Kampf um die Erringung des Sozialismus, sondern auch bereits bei ganz elementaren Kämpfen um bürgerlich-demokratische Rechte. Im Kampf gegen den Faschismus z. B. war es die Arbeiterklasse, die an der vordersten Front stand, die

die größten Opfer gebracht, die die klarsten Konzeptionen im Kampf gegen die Reaktion entwickelt hat.

Was dagegen den angeblichen Hegemonieanspruch der Kommunisten angeht, so erheben wir einen solchen Anspruch nicht. Wir wollen sowohl in der Aktionseinheit wie im antimonopolistischen Bündnis kameradschaftlich, partnerschaftlich, gleichberechtigt mit allen anderen Kräften zusammenarbeiten und haben das auch in der Praxis immer wieder durch selbstloses Handeln bewiesen. Wir sind der Meinung, daß jede Kraft, die an einem solchen Bündnis teilnimmt, nach bestem Gewissen und Wissen darum wetteifern möge, den größtmöglichen Beitrag für die Durchsetzung der gemeinsamen Anliegen zu leisten.

Dabei bringen wir Kommunisten in dieses Bündnis als einen besonderen Beitrag die Theorie von Marx, Engels und Lenin ein, die uns gestattet, mit wissenschaftlicher Voraussicht die Grundtendenzen der Entwicklung einzuschätzen. Gerade in dem Sinne sagten Marx und Engels schon im „Manifest der Kommunistischen Partei", die Kommunisten „haben theoretisch vor der übrigen Masse . . . die Einsicht in die Bedingungen, den Gang und die allgemeinen Resultate der proletarischen Bewegung voraus". (K. Marx/F. Engels, „Manifest . . ." Verlag Marxistische Blätter, S. 58.) Wir verstehen das keineswegs als einen Hegemonieanspruch, sondern als eine besondere Verantwortung, die wir für den erfolgreichen Kampf um den gesellschaftlichen Fortschritt zu tragen haben.

Fragen der sozialistischen Demokratie

Bedeutet das Bemühen der DKP, den Weg zum Sozialismus über eine antimonopolistische Demokratie zu öffnen, so etwas wie einen „demokratischen Weg" zum Sozialismus mit allen individuellen und kollektiven Freiheiten für alle, ein pluralistisches System des Sozialismus?

Wir gehen davon aus: Es hat nie einen anderen Weg zum Sozialismus gegeben als einen demokratischen, und es wird nie einen anderen geben, weil man den Sozialismus nur mit aktiver Unterstützung der überwiegenden Mehrheit des Volkes erkämpfen und verteidigen kann. Wer etwas anderes meint, der möge sich doch einmal die Frage vorlegen, ob die Bolschewiki, die russischen Kommunisten, 1917 und danach, wenn sie nicht die Massen hinter sich gehabt hätten, fähig gewesen wären, die Interventionsarmeen von vierzehn fremden Staaten und die Kräfte der inneren Konterrevolution zu zerschlagen? Also gerade das ist doch ein augenscheinlicher Beweis dafür, daß der Weg der Oktoberrevolution demokratisch war. Und wenn die Volksmassen der Sowjetunion nicht hinter der Partei- und Staatsführung gestanden hätten, wie hätte die Sowjetunion es fertigbringen können, dem bis vor die Tore Moskaus und Leningrads, bis zur Wolga und in den Kaukasus vorgedrungenen faschistischen Aggressor, der über das Wirtschafts- und Menschenpotential fast ganz Europas verfügen konnte, eine so vernichtende Niederlage beizubringen?
Diejenigen, die demokratische Legitimität ausschließlich an Stimmen- und Abgeordnetenmehrheiten ableiten, seien im übrigen darauf hingewiesen, daß die Bolschewiki auf dem II. Allrussischen Sowjetkongreß, der am Tage des Beginns der sozialistischen Oktoberrevolution zusammentrat und den Übergang der ganzen Macht an die Sowjets verkündete, 51 Prozent der Deputierten stellten. Zusammen mit anderen für den Sozialismus eintretenden Kräften verfügten sie über eine große Mehrheit. Wenige Monate später, auf dem V. Sowjetkongreß (4. 7. 1918), stellten die Boschewiki bereits zwei

Drittel der Delegierten (vgl. W. I. Lenin: Die Proletarische Revolution und der Renegat Kausky, in: Werke, Bd. 28, S. 27). Was uns angeht, die Kommunisten in der Bundesrepublik, so haben wir stets erklärt, daß der Weg zum Sozialismus in unserem Lande nur über die Gewinnung der Massen für den Sozialismus beschritten werden kann.

Individuelle und kollektive Freiheiten

Was das Problem der demokratischen Freiheiten angeht, der individuellen und kollektiven Freiheiten, so haben wir stets betont, daß die demokratischen Rechte und Freiheiten, die sich die Arbeiterklasse im Kapitalismus erkämpft hat, wichtige Errungenschaften sind. Die Arbeiterklasse wird sie im Sozialismus nicht nur nicht aufgeben, sondern ihnen mit der politischen Macht der Arbeiterklasse und dem gesellschaftlichen Eigentum an allen wichtigen Produktionsmitteln eine reale Grundlage geben, sie auf eine neue, höhere Stufe heben. Sie wird sie untermauern durch die grundlegenden Rechte und Freiheiten des arbeitenden Volkes, die nur der Sozialismus zu schaffen vermag, durch das Recht auf Arbeit, das Recht auf Bildung und Ausbildung, auf wirkliche soziale Sicherheit, durch die Befreiung von der Ausbeutung des Menschen durch den Menschen, durch das Recht der aktiven Mitwirkung bei der Gestaltung des gesellschaftlichen Lebens.

In einer in feindliche Klassen gespaltenen Gesellschaft bedeutet jedoch die Ausdehnung der Rechte und Freiheiten der einen Klasse die Beschränkung der Rechte und Freiheiten der anderen. Es kann für die Arbeiterklasse keine Befreiung von der Ausbeutung geben, wenn den Kapitalisten nicht die Freiheit der Ausbeutung genommen wird. Es kann kein Recht auf Arbeit, keine wirkliche soziale Sicherheit geben, wenn den Kapitalisten nicht das Recht genommen wird, Besitzer der Produktionsmittel zu sein und die Produktion ihrem Profitstreben unterzuordnen, was gesetzmäßig zu Krisen und Arbeitslosigkeit führt. Die neuen Rechte und Freiheiten der sozialistischen Demokratie können nicht gesichert werden, wenn dazu nicht auch das Recht gehört, die Versuche der gestürzten Ausbeuter, diese Rechte wieder zu beseitigen, durch den entschlossenen Kampf der Werktätigen und die Anwendung der sozialistischen Gesetzlichkeit entschieden zu bekämpfen.

Die Lehren der Geschichte liegen unserer Theorie vom Klassenkampf, vom Staat und von der sozialistischen Umwälzung zugrunde. Solche Erscheinungen wie der Faschismus in Italien, Deutschland, Spanien, Portugal, Griechenland, Chile usw. sind keine „Betriebsunfälle", die dem Großkapital im Klassenkampf gegen das Proletariat „passiert" sind, sondern entspringen dem Wesen der kapitalistischen Ausbeuterordnung. Wenn die Volkskräfte nicht einig und geschlossen gegen das Monopolkapital kämpfen – das ja nicht nur aus allen Poren blut- und schmutztriefend zur Welt gekommen ist, sondern auch so von der geschichtlichen Bühne abtritt, wo es dazu noch die Möglichkeit hat –, wird dieses imperialistische Raubtier, das selbst in seiner „demokratischen" Ausgabe bereits zweimal Atombomben an Menschen „ausprobiert" hat (Hiroshima und Nagasaki), das mit Vietnam und Watergate besudelt ist, die revolutionären Kräfte im Ernstfall kaltblütig umbringen. Wir dürfen uns keine Illusionen über allgemein-menschliche Freiheiten in einer Welt machen, in der es den allgemeinen Menschen nicht, dafür aber einander unversöhnlich feindlich gegenüberstehende Klassen gibt. Die Imperialisten bläuen uns eines immer wieder ein – überall in der Welt –, daß die Frage nur so steht: Freiheit, die ich meine, welche meinst du, sprich! Deine oder meine, darum dreht es sich; Freiheit für das arbeitende Volk oder Freiheit für eine kleine Schicht Bevorrechteter auf Kosten des Volkes! Darum haben wir auf unserem Bonner Parteitag ohne Umschweife erklärt: „Eine ‚reine Demokratie' oder eine ‚Freiheit an sich' gibt es nicht. Schon immer stand die Frage so: Freiheit und Demokratie für wen? Wir sind für eine Freiheit, mit der die politischen und sozialen Interessen der Werktätigen zur Geltung gebracht werden; für die Freiheit von der Ausbeutung des Menschen durch den Menschen" (Bericht des Parteivorstands der DKP an den Bonner Parteitag, S. 57).

Pluralismus – Phrase und Wirklichkeit

Was schließlich das Problem des Pluralismus angeht, so meinen wir, daß man sich zunächst erst einmal über den Inhalt des Wortes Pluralismus verständigen müßte. Da wird doch viel Schindluder getrieben. Nach der Propaganda der Antikommunisten soll der Widerstreit zwischen „Pluralismus und Totalitarismus" unsere Zeit kennzeichnen, wobei als „Pluralismus" das bürgerlich-parlamentarische System, als „Totalitarismus" in demagogischer Gleichsetzung Faschismus und Sozialismus bezeichnet werden.

Wo aber besteht denn im Kapitalismus ein Pluralismus von Arbeiter- und Kapitalistenmacht, eine *Teilung* der Macht zwischen den beiden feindlichen Klassen? Oder wo existieren denn pluralistisch gemeinsam das Profitprinzip des Monopolkapitals und die sozialistische Aneignungsweise, die doch bedeutet, daß gesellschaftlich, nicht mehr privat angeeignet wird, was gesellschaftlich erzeugt worden ist?

Und wo denn hat sich die Bourgeoisie – wie sie in ihrem Märchen vom pluralistischen Machtwechsel verkündet – von der Arbeiterklasse abwählen lassen? Etwa in Chile? Warum werden denn von der NATO, vom Wirtschaftsboykott bis zu militärischen Drohungen, alle Formen des Drucks und der Erpressung gegen kommunistische Wahlerfolge eingesetzt?

Nein: Es handelt sich beim bürgerlichen Gerede vom Pluralismus um eine Verteidigung des Kapitalismus, die das Entsetzen der Volksmassen über eine Form *kapitalistischer* Herrschaft – den Faschismus – zur Diffamierung der sozialistischen Kapitalismuskritik benutzt. Die Stoßkraft des Antifaschismus soll antikommunistisch mißbraucht werden. Faschismus und Sozialismus werden gleichgesetzt, wobei *einzelne Züge* des Faschismus verurteilt werden, aber sein *Gesamtsystem*, seine *Wurzeln*, getarnt werden.

Zugleich wird der Sozialismus als System verurteilt. In Wahrheit wird damit die Fortdauer der ungeteilten und allseitigen Macht des gleichen Konzernkapitals getarnt, das während des Faschismus die

Macht ausübte. Es wird also der Fortbestand der wesentlichen Machtträger im Faschismus („Totalitarismus") und der bürgerlichen Demokratie („Pluralismus") getarnt, weil sonst die prinzipiell gleichen sozialen, *kapitalistischen* Wurzeln beider Formen der Kapitalmacht sichtbar würden. Die Praxis des Paktierens mit den Rechten und des Schlagens nach links, des Erlasses von Sondergesetzen gegen die Linken, der Aufbau des „Feindbildes" in der Armee, die Rüstungspolitik, dies alles wird mit diesem Propagandatrick begründet. So wirkt der Antikommunismus in alle Lebensbereiche hinein, bestimmt den Inhalt des Unterrichts und der Bildung, den Inhalt der Lehrbücher und des Studiums, der Erziehung in der Armee.

Der Schwindel vom Totalitarismus und Pluralismus ist aus der Tagespresse in die Wissenschaft gelangt, nicht umgekehrt. Kein Biologe wird auf die Idee kommen, wegen der anatomischen Gleichheit von Mensch und Affe beide gleichzusetzen. Kein ernsthafter Historiker wird auf den Gedanken kommen, Jakobiner und SA auf eine Stufe zu stellen, weil sie beide Terror anwandten. Keiner von ihnen wird die Sklavenhaltergesellschaft und die der Feudalherren nur deshalb gleichsetzen, weil sie beide Agrargesellschaften waren. Aber hinsichtlich des Sozialismus wird jede wissenschaftliche Differenzierung „vergessen". Da wird Gewalt gleich Gewalt, die des Nazimörders wird gleich derjenigen des Revolutionärs, der sich gegen die Gewalt einer die arbeitende Mehrheit des Volkes ausbeutenden und unterdrückenden Minderheit erhebt, dem diese Ausbeuterordnung mit Gewalt begegnet, gegen die er sich zur Wehr setzen muß, wenn er sich ihr nicht länger unterwerfen will. Das Verfahren läuft also darauf hinaus, den Kampf gegen das kapitalistische System der Ausbeutung und Gewalt im Interesse der Erhaltung dieses Systems zu verleumden. Wir haben es mit ordinärer bürgerlicher Parteilichkeit zu tun.

Für uns könnte das Wort Pluralismus nur sinnvoll sein, wenn unter politischem Pluralismus etwas anderes verstanden würde: daß auf dem Weg zum Sozialismus selbst die werktätigen Massen sich in verschiedenen Organisationen – das können Parteien oder andere Organisationen sein – vereinigen, die sich über Grundzüge des sozialistischen Zieles weitgehend einig sind, aber verschiedene Bevölkerungsschichten repräsentieren, die Differenzen in weniger wichtigen Fragen sowie unterschiedliche Positionen bei der Begründung der Entscheidung für den Sozialismus haben können, z. B. marxistische, sozialreformistische oder christliche. Diese Parteien und Organisationen müssen selbstverständlich die Möglichkeit haben, ihre Vorstellungen frei zu verbreiten und um die Gewinnung der Bevölkerung zu wetteifern. Dabei sind wir davon überzeugt, daß die Vorstellungen der Kommunisten, die im Marxismus begründet sind, der die Grundinteressen der Arbeiterklasse und der übrigen Werktätigen zum Ausdruck bringt, die größte Anziehungskraft ausüben werden. Wie die heutigen Bundestagsparteien *prinzipiell* pro-kapitalistisch sind und ihr Pluralismus nur *innerhalb* dieses Pro-Kapitalismus stattfindet, wäre das ein Pluralismus pro-sozialistischer Kräfte. Es wäre folglich ein klassenmäßig prinzipiell anderer Pluralismus.

Wenn wir uns gegen den verlogenen bürgerlichen Pluralismus-Begriff wenden, so bedeutet das auch keinesfalls, daß wir den wissenschaftlichen Meinungsstreit ablehnen. Im Gegenteil. Der Marxismus ist entstanden in der Auseinandersetzung, in der kritischen Verarbeitung des Besten, was das menschliche Denken bis dahin hervorgebracht hatte. Er entwickelte sich in der Auseinandersetzung mit dem vormarxistischen und nicht-proletarischen Sozialismus. Auch heute bereichert er sich ständig dadurch, daß er alles Wertvolle, Humanistische, was menschlicher Geist hervorbringt, unter dem Gesichtspunkt der Interessen der Arbeiterklasse, des gesellschaftlichen Fortschritts kritisch verarbeitet und auf eine höhere Stufe hebt. Auch innerhalb des Marxismus selbst haben wir ständigen wissenschaftlichen Meinungsstreit, etwa über die theoretische Klärung von Grundfragen des staatsmonopolistischen Kapitalismus, über die Gestaltung des ökonomischen Systems des Sozialismus, über Probleme der marxistischen Erkenntnistheorie, über das Problem der Widersprüche im Sozialismus, über Fragen der Klassentheorie, um nur einige Beispiele zu nennen. Beim Aufbau des Sozialismus und Kommunismus werden jeden Tag neue, in der Geschichte der Menschheit noch nicht beschrittene Wege betreten. Neue Fragen werden aufgeworfen, die auf neue Weise beantwortet werden müssen. Dafür ist der Austausch, die Konfrontation der Meinungen, der schöpferische wissenschaftliche Meinungsstreit unerläßlich. Der Sozialismus braucht ihn wie die Luft zum Atmen. Auf die Beseitigung der verfassungsmäßigen Institutionen des sozialistischen Staates, der Rechte und Freiheiten des werktätigen Volkes gerichtete Diversionstätigkeit von faschistischen und konterrevolutionären Parteien unter dem Deckmantel des politischen

Pluralismus, Chauvinismus, Rassismus und anderen barbarischen Ideologieformen des Kapitalismus in der Toga des ideologischen Pluralismus, so etwas kann es dagegen im Sozialismus nicht geben. Sie sind mit seinen grundlegenden Normen, die in der Verfassung und anderen Gesetzen ihren Ausdruck finden, unvereinbar. So werden z. B. solche Errungenschaften der Werktätigen, wie die Unantastbarkeit des gesellschaftlichen, sozialistischen Eigentums an allen wichtigen Produktionsmitteln, die darauf begründete Beseitigung der Ausbeutung des Menschen durch den Menschen, die Gleichheit der Rassen und Nationen u. a. in der Verfassung verankert werden. Wer durch konterrevolutionäre Aktivitäten diese Verfassungsgrundsätze beseitigen will, handelt verfassungswidrig und wird auf der Grundlage der sozialistischen Gesetzlichkeit entschieden bekämpft. Ein solches Vorgehen wird nicht nur die Zustimmung der Massen finden, sondern durch ihr eigenes demokratisches Engagement getragen werden.

Ihr habt jetzt vom Sozialismus gesprochen. Trifft das Gesagte in vollem Umfang auch schon auf eine antimonopolistische Demokratie zu? Kann es da nicht auch noch Parteien und Organisationen geben, die die Herrschaft der Monopole wiederherstellen wollen? Wenn ja, wäre dann eine Abwahl der antimonopolistischen Koalition denkbar?

Zweifellos wird es in dieser Beziehung noch wichtige Unterschiede zwischen einer antimonopolistischen Demokratie und dem Sozialismus geben. Aller Wahrscheinlichkeit nach werden unter den Bedingungen einer antimonopolistischen Demokratie neben den Parteien und Organisationen der antimonopolistischen Koalition auch solche Parteien und Organisationen tätig sein, die sich dem Prozeß der antimonopolistischen Umwälzung entgegenstellen. Auch innerhalb der antimonopolistischen Koalition gibt es Widersprüche, prallen Klasseninteressen aufeinander, wird es Auseinandersetzungen um den weiteren Vormarsch zum Sozialismus geben. Darum ist in dieser Etappe des Kampfes die Frage Wer – Wen? (setzen sich die Kräfte durch, die zum Sozialismus voranschreiten wollen, oder diejenigen, die zur Herrschaft der Monopole zurückwollen) noch keineswegs entschieden.

Selbst nach ihrer politischen und ökonomischen Entmachtung verfügen die Monopole in dieser Auseinandersetzung noch über beachtliche Mittel: Geld, das ihnen aus Kapitalanlagen im Ausland zur Verfügung steht; die Unterstützung ausländischer Monopole, fremder Geheimdienste und Spionageorganisationen, die versucht werden, von der Wirtschaftsblockade bis zur Sabotage und bewaffneter Konterrevolution alle Hebel in Bewegung zu setzen; Einfluß auf kleine und mittlere Kapitalisten, auf Teile der wirtschaftlichen, wissenschaftlichen und technischen Spezialisten, auf die ehemaligen Führungskräfte der Armee, der Polizei usw. sowie auf das Denken rückständiger Gruppen der Werktätigen; politische Parteien und Organisationen, die die Interessen des Monopolkapitals vertreten und dessen Macht wiederherstellen wollen. Es wird dies also eine Periode erbitterten Klassenkampfes sein, die gewaltige Anstrengungen der revolutionären Kräfte verlangt. Alles hängt dabei ab von der Entwicklung des Bewußtseins und der Kampfbereitschaft der Arbeiterklasse, von ihrer Fähigkeit, das antimonopolistische Bündnis zu festigen und weiterzuentwickeln, vom aktiven antimonopolistischen Handeln der breiten Massen.

Bewußtsein und Handeln der Massen entscheiden auch über die Frage, ob eine Abwahl der antimonopolistischen Koalition und ihre Ablösung durch pro-monopolkapitalistische Parteien möglich ist oder nicht. Wie wir immer wieder unterstrichen haben, kann eine antimonopolistische Demokratie nur erkämpft werden, wenn die Mehrheit des Volkes dafür gewonnen wird. Sie kann auch gegen die Anschläge der Konterrevolution nur verteidigt werden, wenn hinter ihr die Mehrheit des Volkes steht. Wenn die antimonopolistische Koalition das Vertrauen der Massen verliert, gibt es niemanden, der sie retten kann. Wir sind allerdings davon überzeugt, daß gerade unter den Bedingungen eines wirtschaftlich, wissenschaftlich und technisch so hoch entwickelten Landes wie die Bundesrepublik die revolutionären Kräfte alle Möglichkeiten haben, die Massen anhand ihrer eigenen Erfahrungen davon zu überzeugen, daß es sich ohne Monopole besser lebt und daß es im Interesse der Massen liegt, wenn es kein Zurück zur Herrschaft des Großkapitals, sondern ein Voranschreiten zum Sozialismus gibt.

Streikrecht und Sozialismus

Ihr sprecht von der Erhaltung und qualitativen Fortentwicklung der individuellen und kollektiven Freiheiten der Werktätigen in einer antimonopolistischen Demokratie und später im Sozialismus. Zu den Freiheiten, die sich die Arbeiter im Kapitalismus erkämpft haben, gehört doch auch das Streikrecht. Wie wird es damit aussehen?

Bevor wir die Frage beantworten, wollen wir daran erinnern, daß sich die Arbeiterklasse das Streikrecht leider noch nicht in allen kapitalistischen Ländern erkämpfen konnte. Es gibt nicht wenige Länder, in denen Arbeiter wegen der Teilnahme an Streiks gefoltert und eingekerkert werden. Aber auch in den sogenannten bürgerlichen Demokratien ist das Streikrecht häufig auf reine Tarifauseinandersetzungen beschränkt und selbst in diesem Bereich immer wieder bedroht. Man denke nur an die beharrlichen Bemühungen der Unternehmerverbände in der Bundesrepublik das Streikrecht einzuschränken, an die Verleumdung spontaner Streiks der Arbeiter als „wilde" Streiks und die Versuche, sie zu kriminalisieren. Zu den unmittelbaren Forderungen der DKP für die Erweiterung der demokratischen Rechte und Freiheiten gehört darum die Forderung nach ausdrücklicher Verankerung des Streikrechts im Grundgesetz. Was nun die Frage nach dem Streikrecht der Arbeiter in einer antimonopolistischen Demokratie bzw. im Sozialismus betrifft, so sollten wir uns zunächst fragen, warum Arbeiter im Kapitalismus streiken. Sie streiken ja nicht, weil sie Spaß daran haben. Ganz im Gegenteil. Streiks sind in der Regel für die Arbeiter mit finanziellen Einbußen während des Ausstandes und nicht selten mit Repressalien verbunden. Arbeiter streiken, weil sie in einer Gesellschaft, in der die Produktionsmittel den Kapitalisten gehören, sie selbst aber nichts als ihre Arbeitskraft besitzen, die sie an die Kapitalisten verkaufen müssen, gezwungen sind, zu diesem Kampfmittel zu greifen, um ihre Interessen gegen die Kapitalisten durchzusetzen. Zwischen Arbeitern und Kapitalisten bestehen unüberbrückbare Interessengegensätze. So schmälert jede Lohnerhöhung den Profit der Kapitalisten. Darum sind diese bestrebt, Lohnerhöhungen zu verhindern oder möglichst niedrig zu halten. Wenn die Arbeiter nicht auf die Verbesserung ihres Lebensstandards verzichten wollen, bleibt ihnen häufig kein anderer Ausweg, als zum Mittel des Streiks zu greifen.

Über den Kampf um die Verbesserung der Löhne und Arbeitsbedingungen hinaus können im Kapitalismus Streiks auch eine wichtige Rolle spielen im Ringen um die Zurückdrängung der Macht der Monopole, um die Durchsetzung grundlegender antimonopolistischer Forderungen, beim Herankommen an antimonopolistische Veränderungen.

Unter den Bedingungen einer antimonopolistischen Demokratie gibt es neben dem Eigentum des Staates der antimonopolistischen Demokratie, neben genossenschaftlichem Eigentum und dem Eigentum der kleinen Warenproduzenten in Stadt und Land noch kleines, mittleres und in mehr oder weniger großem Umfang auch großes nichtmonopolistisches kapitalistisches Eigentum. In diesem Bereich müssen die Arbeiter noch ihre Arbeitskraft an die Kapitalisten verkaufen. Sie werden ausgebeutet. Zwar kann der antimonopolistische Staat über seine Wirtschafts- und Steuerpolitik, eventuell auch durch Eingriffe in die Lohngestaltung zugunsten der Arbeiter, der Ausbeutung schon gewisse Grenzen setzen. Der Interessengegensatz zwischen Arbeitern und Kapitalisten besteht jedoch in diesen Bereichen weiter. Darum müssen die Arbeiter auch das Recht haben, wenn es ihre Interessen erfordern, zum Mittel des Streiks zu greifen.

Im Sozialismus sind dagegen alle wichtigen Produktionsmittel gesellschaftliches Eigentum. Die Industriebetriebe, die Banken, die wichtigsten Handels- und Verkehrsunternehmen und Betriebe in anderen Bereichen sind als Volkseigentum in den Händen des sozialistischen Staates. Die Arbeiter wie die übrigen Bürger des Staates sind die Eigentümer dieser Betriebe. Was in diesen Betrieben produziert wird, kann sich kein Kapitalist und auch kein Betriebsleiter aneignen. Das gehört der ganzen Gesellschaft und wird im Interesse der Gesellschaft verteilt. Aus dem neugeschaffenen Wert werden die Löhne an die Arbeiter und Angestellten gezahlt sowie die Mittel zur Verfügung gestellt, die der sozialistische Betrieb für Prämien, für den Bau und den Unterhalt betrieblicher Kultur- und Sozialeinrichtungen einsetzen kann. Ein Teil des neugeschaffenen Wertes muß für die Erweiterung der Produktion verwandt werden. Ein anderer Teil wird für die Befriedigung gesamtgesellschaftlicher Bedürfnisse, für Altersversorgung, Gesundheits- und Bildungswesen, Kindergärten u. ä. sowie gezwungenermaßen für die Erfordernisse der Verteidigung des Sozialismus an den Staat abgeführt. Je mehr die Arbeiter in den sozialistischen Betrieben leisten, um so mehr erhalten sie in Form von Löhnen, Prämien und durch die Nutzung neuer oder besserer betrieblicher Kultur-, Bildungs-, Erholungs- und Sozialeinrichtungen direkt bzw. indirekt als Staatsbürger aus den gesamtgesellschaftlichen Fonds.

Unter diesen Bedingungen gibt es keine Interessengegensätze zwischen Arbeitern und Produktionsmittelbesitzern, denn die Arbeiter sind als Bürger des sozialistischen Staates selbst Besitzer der wichtigsten Produktionsmittel. Streiken müßten die Arbeiter gegen sich selbst. Die durch Streiks entstehenden Produktionsausfälle gingen für die weitere Entwicklung der sozialistischen Produktion, für die direkte oder indirekte Verbesserung des Lebensstandards der Arbeiter verloren. Sie würden sich selbst Schaden zufügen.

Das heißt nun aber nicht, daß es in einem sozialistischen Betrieb nicht Konflikte geben kann und auch gibt zwischen Arbeitern und Betriebsleitung. Diese Konflikte können jedoch, da es keine Konflikte zwischen antagonistischen Klassen sind, wie die Praxis in den sozialistischen Ländern zeigt, auf andere Weise gelöst werden: in den ständigen Produktionsberatungen, in Belegschaftsversammlungen, in denen die Betriebsleitung Rede und Antwort stehen muß, durch die weitgehenden Rechte der Gewerkschaften bis hin zu dem Recht, die Ablösung des Betriebsleiters zu fordern, wenn dieser die mit den Belegschaften oder Gewerkschaften getroffenen Verträge über die Verwendung der im Betrieb verbleibenden Gewinne oder andere Arbeiterrechte verletzt. Schließlich können sich die Belegschaften jederzeit mit Beschwerden an die höchsten Staatsorgane wenden, sie können ihre Abgeordneten in den Volksvertretungen beauftragen, sich für ihre Forderungen einzusetzen und diese jederzeit abwählen, wenn sie ihr Vertrauen nicht rechtfertigen.

Freiheit der Religion
und des künstlerischen Ausdrucks

Ihr habt euch schon einmal zum Problem geäußert, wie die Aktionseinheit und das Bündnis von Marxisten und Christen bei gleichzeitiger ideologischer Diskussion und Auseinandersetzung über die letztlich unvereinbaren philosophischen, weltanschaulichen Gegensätze aussehen könnte. Ich möchte jetzt, im Zusammenhang mit der Problematik der Freiheit, fragen: Wie würde sich das in einer künftigen antimonopolistischen oder sozialistischen Bundesrepublik darstellen? Nicht wenige Christen halten doch die Erklärungen der Marxisten auf diesem Gebiet für unglaubwürdig und weisen mit dem Finger etwa auf die DDR. Dort, so sagen sie, zeigten die Marxisten praktisch, daß man ihren Worten nicht glauben könne.

Wir haben uns im erwähnten Zusammenhang nachdrücklich für Aktionseinheit, Bündnis und den sachlichen Dialog über weltanschauliche Fragen ausgesprochen. Dabei gehen wir davon aus, daß dieses Zusammenwirken von Marxisten und Christen bei gleichzeitiger sachlicher Auseinandersetzung über weltanschauliche Fragen nicht nur eine Frage der Gegenwart ist, sondern auch eine der künftigen antimonopolistischen und sozialistischen Bundesrepublik sein wird. Eine antimonopolistische Demokratie und erst recht der Sozialismus werden in der Bundesrepublik nur dann erkämpft werden können, wenn es der marxistischen Partei der Arbeiterklasse, der DKP, gelingt, einen starken politischen und ideologischen Masseneinfluß zu erringen. Dabei sind wir keine Illusionisten. In der Bundesrepublik hat die sozialreformistische Strömung in der Arbeiterbewegung zur Zeit den größten Einfluß. Wir sind sicher, daß sie auch in der Zukunft von großem Gewicht sein wird. Aber wir wissen auch, daß in unserem Lande Millionen Arbeiter und andere Werktätige unter dem Einfluß der christlichen Religion stehen. Unter diesen Bedingungen sind antimonopolistische Demokratie und Sozialismus nur möglich, wenn Aktionseinheit mit sozialdemokratischen und christlichen Arbeitern, wenn das Bündnis aller antimonopolistischen Kräfte erreicht wird, zu denen nicht zuletzt auch christliche Werktätige und andere christliche Bündnispartner gehören. Kameradschaftliche Zusammenarbeit von Kommunisten, Sozialdemokraten und Christen ist heute im Kampf gegen das Großkapital unerläßlich und wird auch morgen, bei der Erringung und beim Aufbau einer neuen Gesellschaft von entscheidender Bedeutung sein.

Was die angesprochenen Fragen über die DDR angeht, halten wir es für erforderlich, auf einige Dinge hinzuweisen, die den Massen unter den Bedingungen unserer „freien" Information allgemein nicht zugänglich sind.

In der DDR gibt es die Freiheit des religiösen und weltanschaulichen Bekenntnisses. Wir wären z. B. froh, wenn in der Bundesrepublik den Atheisten, den Freidenkern beispielsweise, von den „christlichen" Regierern solche Möglichkeiten eingeräumt würden, wie sie die Christen in der DDR haben. Führen wir einmal ein paar Beispiele an: In der DDR wird den Kirchen die Möglichkeit eingeräumt, an jedem Sonntag über den Rundfunk Gottesdienste abzuhalten. Wo gibt es in der Bundesrepublik etwa für die Freidenker die Möglichkeit, eine Morgenfeier nach ihren Vorstellungen über den Rundfunk zu verbreiten?

Wie ist beispielsweise die materielle Lage der Kirchen in der Deutschen Demokratischen Republik? Allein die evangelischen Kirchen verfügen über etwa 200 000 Hektar Land. Dieser Besitz wurde weder durch die Bodenreform (1945) noch durch den genossenschaftlichen Zusammenschluß in der Landwirtschaft (1960) berührt.

Als Zuschuß zur Pfarrerbesoldung erhalten die evangelischen Landeskirchen und die katholische Kirche darüber hinaus jährlich über zwölf Millionen Mark aus dem Staatshaushalt. Dazu kommen weitere umfangreiche Mittel für die Unterstützung der karitativen Arbeit der Kirchen. Jährlich werden etwa 1,2 Millionen Mark ausgegeben, um denkmalswerte kirchliche Bauwerke zu renovieren. Weitere Summen stellen die Räte der Bezirke bereit. Beispiel dafür sind u. a. der Wiederaufbau und die Erhaltung der Dome in Magdeburg, Halberstadt, Brandenburg, Freiberg und Erfurt, die Sankt-Hedwigs-Kathedrale in Berlin und die katholische Probstei in Dresden, das Doberaner Münster, die Berliner Marienkirche und die Nikolaikirche in Potsdam.

Wo gibt es bei uns Vergleichbares? Wo gibt der Staat Geld etwa für die Freidenker, für die Nutzung von Räumlichkeiten? Im Gegenteil: Er erhält die von den Nazis vorgenommene Beschlagnahmung des Freidenkervermögens bis heute aufrecht!

Nehmen wir ein anderes Beispiel: In Nordrhein-Westfalen bedurfte es schwerer Auseinandersetzungen, um selbst in solchen Großstädten wie Düsseldorf von der Konfessionsschule zu Gemeinschaftsschulen übergehen zu können. Aber selbst die Gemeinschaftsschule ist christlich, und die Kinder von Atheisten müssen christliche Schulen besuchen. Gewiß, in der DDR ist – wie übrigens z. B. auch in Frankreich – die alte, schon bürgerlich-demokratische Forderung der Trennung von Kirche und Staat verwirklicht. Dafür treten auch wir in der Bundesrepublik ein. Aber auf anderen Gebieten gewährt die „atheistische" DDR den Religionsgemeinschaften Rechte, von denen die Atheisten in der Bundesrepublik nicht einmal träumen können.

So unterhalten z. B. die Innere Mission und das Hilfswerk 52 Krankenhäuser mit rund 7000 Betten, 87 Heime für geistig und körperlich Behinderte mit über 6000 Betten, 11 Heime für Mutter und Kind mit über 500 Betten, 280 Alters- und Alterspflegeheime mit über 11 000 Betten sowie 112 Erholungsheime mit 3570 Betten, 23 Kinderheime mit 647 Betten, 6 Hospize mit 452 Betten, 328 Kindertagesstätten mit etwa 17 500 Plätzen und 419 Schwesternstationen. Für die Heranbildung des Nachwuchses und die Qualifizierung der rund 15 000 Mitarbeiter in den kirchlichen Krankenhäusern und Heimen stehen eine größere Zahl von Ausbildungsstätten zur Verfügung. Ähnliche Zahlen könnten wir für die katholische Kirche nennen.

Und wie steht es um den theologischen Nachwuchs, um seine Ausbildung in der DDR?

An den Sektionen Theologie der staatlichen Universitäten in Berlin, Leipzig, Halle, Jena, Rostock und Greifswald werden evangelische Theologen ausgebildet. Man stelle sich das vor: Bei der Philosophischen Fakultät der Karl-Marx-Universität Leipzig befindet sich die Sektion Theologie. Wo gibt es in der Bundesrepublik an einer Universität eine von Atheisten betriebene „Sektion Atheismus"? Oder eine von Marxisten betriebene „Sektion Marxismus"? Berufsverbote gibt es für Marxisten.

Doch sehen wir weiter: Die Ausbildung dieser Theologen wird in der DDR in voller Höhe aus dem Staatshaushalt finanziert. Dafür werden jährlich mehr als vier Millionen Mark zur Verfügung gestellt.

Die Studenten erhalten ein Grundstipendium und fast die Hälfte von ihnen zusätzlich ein Leistungsstipendium. Die Theologie-Studenten haben die gleichen Rechte und Pflichten wie die Studierenden aller anderen Fakultäten. Gegenwärtig sind an diesen Sektionen etwa 500 Studenten eingeschrieben. Die evangelischen Landeskirchen unterhalten darüber hinaus Weiterbildungsstätten für künftige Theologen in den kirchlichen Oberseminaren in Naumburg und Leipzig sowie in Berlin, in Predigerschulen erhalten Erwachsene mit abgeschlossener Berufsausbildung eine Qualifizierung zum Prediger.

Wenden wir uns der Frage zu, wie es um die Verbreitung von religiösem Schrifttum steht. Hier wird ja bisweilen der Eindruck erweckt, als gäbe es in der DDR keine Bibeln, als müsse man die in der Bundesrepublik, in Amerika oder in England drucken und dann in die DDR hineinschmuggeln. Wie sieht es in Wirklichkeit auf diesem Gebiet aus?

Die religiöse und theologische Literatur nimmt sowohl ihrem Umfang als auch ihrer inneren und äußeren Gestaltung nach einen beachtlichen Platz im literarischen Schaffen der DDR ein. Sie umfaßt etwa 12 Prozent der Gesamttitelzahl. Im Bereich „Religion und Theologie" erschienen 1974 rund 550 Titel in einer Gesamtauflage von etwa 5,2 Millionen Exemplaren, ferner 30 Zeitschriften in mehr als 640 Ausgaben mit zusammengenommen mehr als 13 Millionen Exemplaren. Der größte kirchliche Verlag ist die Evangelische Verlagsanstalt in Berlin. Sie gab 1974 rund 270 Titel, davon zwölf Ausgaben im Blindendruck heraus. In der evangelischen Hauptbibelgesellschaft Berlin erscheinen jährlich etwa eine halbe Million Bibeln, davon 1974 über zwanzig verschiedene Ausgaben bzw. Teilausgaben. Die anderen Religionsgemeinschaften brachten ebenfalls in großer Zahl eigene Veröffentlichungen heraus. Darüber hinaus erscheinen im Akademie-Verlag, Berlin, im CDU-Verlag Koehler und Amelang, Leipzig, und im Max-Niemeyer-Verlag, Halle, sowie in wissenschaftlichen Veröffentlichungen der Universitäten ebenfalls Ergebnisse der theologischen und kirchenhistorischen Forschung. Im Weimarer Böhlau-Verlag wird die bekannte Weimarer Ausgabe der Werke Martin Luthers herausgegeben. Ebenso verfügen die evangelischen Landeskirchen und die katholische Kirche über eigene Publikationsorgane.

Die Verfassung der DDR garantiert Religionsfreiheit. Sie stellt Aktionen der Verfolgung religiöser Gruppen unter Strafe. So heißt es

z. B. im Paragraph 91 dieser Verfassung: „Wer es unternimmt, nationale, ethnische, rassische und religiöse Gruppen zu verfolgen, zu vertreiben, ganz oder teilweise zu vernichten oder gegen solche Gruppen unmenschliche Handlungen zu begehen, wird mit Freiheitsstrafe nicht unter fünf Jahren bestraft." Wir wären sehr froh, wenn der Artikel des Grundgesetzes über die Freiheit des weltanschaulichen und des religiösen Bekenntnisses garantiert, in der Praxis respektiert und Berufsverbote dementsprechend untersagt wären.

Angesichts dessen ist es doch sicher nicht richtig, von Religionsverfolgung in der DDR zu sprechen. Was es gibt, das ist der politische Kampf gegen den Versuch, die Religion vorzuschieben, wenn die Verteidigung nicht der Religion, sondern des Kapitalismus oder der Konterrevolution gemeint ist. So etwas gibt es hier in der Bundesrepublik täglich massenhaft, das gab und gibt es auch noch in der DDR.

Unsere christlichen Partner, die uns nach ihrer Zukunft im Sozialismus fragen, sollten doch auch nicht vergessen, daß der heutige gemeinsame Kampf und der in der Zukunft gemeinsam um antimonopolistische Demokratie und Sozialismus geführte Kampf uns allen neue Erfahrungen vermittelt. Es war bisher leider die Regel, daß im Kampf um gesellschaftlichen Fortschritt die Kirchenleitungen sogar auf der Seite der Konterrevolution standen und stehen. Man erinnere sich, daß die russisch-orthodoxe Kirche auf der Seite der blutigen Konterrevolution gegen den Sozialismus gekämpft hat. Das hat selbstverständlich das Verhalten der Kommunisten in der Sowjetunion geprägt. Oder man erinnere sich, um ein Gegenwartsbeispiel zu nennen, an die Rolle des hohen Klerus im Norden Portugals. In Deutschland gab es einige andere Erfahrungen, Erfahrungen des gemeinsamen Kampfes von Kommunisten, Sozialdemokraten und nicht wenigen Christen gegen den Faschismus. Das hat dazu geführt, daß in der heutigen DDR die Beziehungen zwischen Marxisten und Christen von Anfang an eben in einem gewissen Sinne weniger gespannt waren als in der Sowjetunion in deren Frühgeschichte.

Wir Marxisten hätten also weit eher ein Recht, den christlichen Partner danach zu fragen, was auf seiner Seite geschehen müßte, um die Befreiungsbewegung des Volkes vor dem konterrevolutionären Wirken solcher hoher kirchlicher Würdenträger wie z. B. Bischof Dibelius oder Kardinal Döpfner zu schützen. Die vergangene Erfahrung hat in hohem Maße auch auf das konkrete Verhalten revolutionärer, sozialistischer Parteien und Regierungen einwirken müssen. Politik ist ja in hohem Maße verallgemeinerte Geschichte von Klassenkämpfen. Für die Beziehungen zwischen Marxisten und Christen in einer antimonopolistischen und sozialistischen Bundesrepublik sind die Erfahrungen von großem Gewicht, die es schon heute im gemeinsamen Wirken für Frieden und Abrüstung, gegen Berufsverbote, für die Verteidigung und Erweiterung der demokratischen Rechte und Freiheiten gibt.

Mögen unsere christlichen Gesprächspartner, die sich um die Zukunft der Christen in der antimonopolistischen Demokratie und im Sozialismus sorgen, durch ihre eigene aktive Teilnahme am Kampf um eine antimonopolistische Demokratie und den Sozialismus aktiv das Bild der zukünftigen Bundesrepublik mitprägen helfen.

Damit das nicht mißverstanden wird, die Konsequenzen, die sich daraus ergeben, können nicht der Art sein, daß der Marxismus aufhörte, atheistisch zu sein. Es können dies auch nicht Konsequenzen der Art sein, daß der aus diesem gemeinsamen Kampf hervorgehende sozialistische Staat neutral gegenüber dem Marxismus wäre. Das ist unmöglich, weil die Funktion eines jeden Staates u. a. darin besteht, Partei zugunsten jener ideellen und politischen Werte bzw. Grundlagen zu ergreifen, die seine Gesellschaftsordnung ideell widerspiegeln und politisch sichern. Der Staat muß ihnen helfen, sich durchzusetzen, zur allgemeinen Norm zu werden. Die Konsequenzen können demnach nur im Bereich dessen liegen, wie diese gemeinsam bejahten Ziele motiviert werden. In einem gemeinsam erkämpften sozialistischen Staat muß es möglich sein, sozialistisch zu wirken auf der Grundlage der marxistischen wie einer christlichen Motivierung des Sozialismus. Das bedeutet wiederum nicht, daß die saubere, sachlich geführte Auseinandersetzung zwischen in der gemeinsamen Bejahung des Sozialismus verbundenen Marxisten und Christen über die Probleme der weltanschaulichen unüberbrückbaren Gegensätze zwischen Marxisten und Christen eingestellt wird. In dem hier skizzierten Rahmen muß die – wie sich Christen ausdrücken – Freiheit der religiösen Verkündung voll gewahrt sein.

Da wir bei der Freiheitsproblematik sind, will ich noch die Frage anschließen, wie ihr zur Freiheit des künstlerischen Ausdrucks in der antimonopolistischen Domokratie und im Sozialismus steht?

Bei der Behauptung, daß die Kommunisten für einen von der Partei gekochten Einheitsbrei künstlerischen Ausdrucks seien, handelt es sich um ein primitives antikommunistisches Klischee. Damit soll von der Tatsache abgelenkt werden, die schon Marx und Engels im „Kommunistischen Manifest" feststellten, daß die Bourgeoisie den Künstler zu ihrem bezahlten Lohnarbeiter degradiert. Es soll davon abgelenkt werden, daß z. B. Verlagszaren wie Bertelsmann oder auf das großkapitalistische Seysystem eingeschworene Fernsehdiktatoren die Künstler dazu verurteilen, prokapitalistischen Einheitsbrei zu kochen oder aber zu verhungern.

Erst der Sozialismus befreit die Künstler aus dieser knechtenden Unterordnung unter die Herrschaft des großen Geldes. In einer antimonopolistischen Demokratie und erst recht in einer sozialistischen Bundesrepublik werden die Künstler, die Arbeiter, alle Werktätigen alle Möglichkeiten erlangen, ihre Talente und Fähigkeiten im Interesse des Volkes allseitig zu entfalten. Ihrem schöpferischen Wirken bei der Verbreitung des großen kulturellen Erbes, der humanistischen und sozialistischen Werte werden sowohl inhaltlich als auch formal keine Grenzen gesetzt sein. Dabei treten wir als Kommunisten dafür ein, daß der sozialistische Staat, daß die volkseigenen und die den gesellschaftlichen Organisationen der Arbeiterklasse gehörenden Verlage die realistische Schaffensmethode, die die Interessen des werktätigen Volkes am besten ausdrückt, besonders fördern. Für die Freiheit der Kunst wird es, genauso wie im ideologischen Bereich überhaupt, nur eine Grenze geben: keine Freiheit für die Verherrlichung des Krieges, des Rassismus, der nationalistischen Überheblichkeit gegenüber anderen Völkern, der Unmenschlichkeit der Ausbeutung und Unterdrückung des Kapitalismus und der Konterrevolution.

Wie unsinnig die Unterstellung ist, wir seien für einen grauen Einheitsstil des künstlerischen Ausdrucks, zeigt unsere eigene Partei. In ihr oder mit ihr wirken zahlreiche auch international bekannte Schriftsteller, Maler, Musiker und Theaterschaffende. Die Künstler und Kulturgruppen der DKP wenden das breiteste Spektrum künstlerischer Mittel an, um ihr humanistisches, sozialistisches Anliegen bei der Interessenvertretung der arbeitenden Menschen unseres Landes auszudrücken. Im übrigen wächst in unserem Lande die Zahl der Künstler, die erkennen, daß der sogenannte Modernismus in die Sackgasse geführt hat, und die sich realistischen Schaffensprinzipien zuwenden.

Nationale Politik – Proletarischer Internationalismus – Haltung zur Sowjetunion

Ich glaube, daß das Gespräch eigentlich schon recht deutlich gemacht hat, wie sinnlos die Behauptungen sind, die DKP sei eine sterile, eine lediglich von Moskau abhängige Partei. Dennoch, könnt ihr nicht auch dazu noch einige Bemerkungen machen?

Unsere Partei hat zu den Grundsatz-Diskussionen der kommunistischen Bewegung ihren Beitrag geleistet, nicht zuletzt auch dadurch, daß sie, ausgehend von unseren heutigen Kampfbedingungen, unter Berücksichtigung der Erfahrungen und der Politik ihrer Bruderparteien für unser Land, die Politik der Öffnung des Weges zum Sozialismus über den Kampf um eine antimonopolistische Demokratie entwickelt hat.

Unsere Partei ist sehr dafür, daß sich die kommunistischen Parteien Gedanken machen über neue Wege, neue Übergänge zum Sozialismus entsprechend den heutigen Kampfbedingungen.

Von abstrakten Spielereien über irgendwelche „besonderen Sozialismusmodelle" hält die DKP allerdings nichts. Wir haben auf dem Bonner Parteitag nachdrücklich unsere Position unterstrichen: „Es gibt nur einen Sozialismus: den Sozialismus, den Marx und Engels von einer Utopie zur Wissenschaft machten, den Sozialismus, den die Partei Lenins als erste zur Wirklichkeit werden ließ, der heute in den sozialistischen Staaten erfolgreich aufgebaut wird und dem in der ganzen Welt die Zukunft gehört" (Bericht des Parteivorstandes der DKP an den Bonner Parteitag, S. 71).

Wenn wir das so unmißverständlich feststellen, so bedeutet das jedoch nicht, daß wir die nationalen Besonderheiten leugnen, die das Bild des Sozialismus in den einzelnen Ländern mitprägen. „Natürlich wird der Sozialismus auch in unserem Lande spezifische, unserer Tradition, unseren historischen Bedingungen und unseren nationalen Eigenarten entsprechende Züge tragen. Das Leben selbst lehrt, daß – je weiter der revolutionäre Prozeß voranschreitet und je mehr Völker aus dem Lager des Imperialismus ausscheren – die Mannigfaltigkeit der Zugänge zum Sozialismus wie auch der konkreten Formen seiner Ausgestaltung immer vielfältiger wird" (ebenda, S. 71/72).

Auch die Länder, die bereits den Sozialismus errungen haben, zeigen ja in den konkreten Formen der Ausgestaltung des Sozialismus, entsprechend der geschichtlichen Entwicklung und den nationalen Besonderheiten dieser Länder viele Unterschiede. Man braucht z. B. nur daran zu erinnern, daß wir es in der Sowjetunion mit einem Einparteiensystem, in anderen sozialistischen Ländern dagegen mit mehreren Parteien zu tun haben, die beim Aufbau des Sozialismus und auch bei der weiteren Entwicklung zum Kommunismus zusammenwirken. Die Besonderheit des Einparteiensystems ergibt sich dabei aus der konkreten geschichtlichen Entwicklung nach der Oktoberrevolution. Auch dort arbeiteten zunächst andere Parteien in den Sowjets und die Partei der linken Sozialrevolutionäre sogar im Rat der Volkskommissare, der Sowjetregierung mit. Diese Zusammenarbeit zerbrach dadurch, daß sich diese Parteien oder ihre Führungen während der weißgardistischen Konterrevolution und der ausländischen militärischen Intervention auf die Seite der Feinde der Sowjetmacht stellten und am bewaffneten Kampf gegen sie teilnahmen.

Eine weitere Besonderheit besteht darin, daß in der Sowjetunion die Sowjets zu den Organen der politischen Macht der Arbeiterklasse im Bündnis mit den übrigen Werktätigen wurden, während in anderen sozialistischen Ländern sozialistische Parlamente zu diesen Organen wurden. Auch diese Besonderheit entspringt den konkreten geschichtlichen Bedingungen. Im Oktober 1917 gab es in Rußland noch kaum eine parlamentarische Tradition, dafür jedoch eine große Tradition der durch die Schöpferkraft der Massen im Kampf entstandenen Sowjets der Arbeiter-, Bauern- und Soldatendeputierten, die bereits in der Revolution von 1905 und in der Februarrevolution von 1917 eine große Rolle gespielt hatten und zum Zeitpunkt der Oktoberrevolution die tatsächlichen und breitesten Organe der Werktätigen waren. Hinzu kommt, daß es unter den konkreten Bedingungen Sowjetrußlands als erstes und dabei noch schwaches Land, das den Weg zum Sozialismus beschritt, umringt von einer Welt von Todfeinden und mit einer zahlenmäßig nur relativ schwachen Arbeiterklasse, notwendig war, die gestürzten Ausbeuter völlig von der politischen Willensbildung fernzuhalten. Die staatlichen Machtorgane wurden darum gewählt und aufgebaut über die Sowjets der Arbeiter-, Bauern- und Soldatendeputierten. Schon Lenin wies jedoch z. B. in seiner Arbeit „Die proletarische Revolution und der Renegat Kautsky" darauf hin, daß es sich dabei um eine russische Besonderheit handelt.

Zugleich haben wir auf dem Bonner Parteitag allerdings die durch die Geschichte erhärtete Gesetzmäßigkeit unterstrichen, daß alle Mannigfaltigkeit nichts daran ändert, „daß der Sozialismus immer nur gegen den erbitterten Widerstand der kapitalistischen Ausbeuter erkämpft werden kann und daß der Sozialismus immer Macht der Arbeiterklasse im Bündnis mit anderen werktätigen Schichten, gesellschaftliches Eigentum an den entscheidenden Produktionsmitteln und Verwirklichung der alten Arbeiterlosung ‚Was des Volkes Hände schaffen, soll des Volkes eigen sein' bedeutet. Das bestätigen alle historischen Erfahrungen, und das wird auch durch den Bankrott der Verfechter eines angeblichen ‚dritten Weges' nur erhärtet. Die Geschichte kennt kein Beispiel der Koexistenz von Kapital- und Arbeitermacht, von großkapitalistischem und sozialistischem Eigentum, von kapitalistischer Anarchie und sozialistischer Planung" (ebenda, S. 72).

Was unser Verhältnis zur Sowjetunion angeht, so haben wir auf dem Bonner Parteitag nachdrücklich betont, daß wir uns dabei von den nationalen Interessen der Arbeiterklasse unseres Landes und vom proletarischen Internationalismus leiten lassen.

Was heißt das, daß wir uns von den nationalen Interessen unseres Landes leiten lassen? Immer dann, wenn sich unser Volk in eine feindliche Position oder gar in kriegerische Abenteuer gegen die Sowjetunion hineinziehen ließ, so hat es das mit furchtbaren Opfern an Blut und Gut bezahlen müssen. Aber die Entwicklung gutnachbarlicher Beziehungen zur Sowjetunion hat sich noch stets ausgezahlt. Eine Beziehung wirklicher Friedenspolitik zur Sowjetunion könnte unser Land von gewaltigen Rüstungslasten befreien. Die Entwicklung der wirtschaftlichen Beziehungen zur Sowjetunion sichert schon heute viele Arbeitsplätze in der Bundesrepublik. Wir, die DKP, sind daran interessiert, unsere guten Beziehungen zur führenden Kraft der Sowjetunion, zur KPdSU, in den Dienst der Herstellung solcher guten Beziehungen unseres Landes zur Sowjetunion zu stellen.

Und wenn von der proletarisch-internationalistischen Position die Rede ist, die unsere Haltung gegenüber der Sowjetunion, der DDR und den anderen sozialistischen Ländern bestimmt, so gehen wir davon aus, daß der Klassengegensatz zwischen Arbeitern und Kapitalisten international ist. Er ist unabhängig von Sprache, von Rasse, von Nation. Darum auch ist die Klassensolidarität unter den Arbeitern notwendig, unabhängig von nationalen, rassischen, sprachlichen und sonstigen Unterschieden. Der deutsche Großkapitalist Flick steht einem klassenbewußten Arbeiter in unserem Lande doch unendlich ferner als der schwarze Minenarbeiter in der südafrikanischen rassistischen Union.

Dabei ist proletarischer Internationalismus, internationalistische Solidarität, heute notwendiger denn je. Nicht zuletzt darum, weil sich die Internationale des Kapitals, der Ausbeuter, des Imperialismus ungeachtet der Verschärfung der innerimperialistischen Gegensätze gegen ihren gemeinsamen Feind, die sozialistischen Länder, die nationale Befreiungsbewegung, die Arbeiterklasse der kapitalistischen Länder enger zusammenrottet. Die Entwicklung der internationalen Monopole, der Auf- und Ausbau internationaler imperialistischer Organisationen, wie der NATO und der EWG, die Vereinigung der Parteien des Großkapitals über Ländergrenzen hinweg im westeuropäischen Maßstab, all das ist dafür eine anschauliche Illustration. Wer unter diesen Bedingungen davon spricht, daß der proletarische Internationalismus nicht mehr zeitgemäß sei, oder sich im Kampf der Arbeiterklasse um den gesellschaftlichen Fortschritt in jedem einzelnen Land selbst erschöpfen müsse, der predigt bewußt oder unbewußt die Entwaffnung der internationalen Arbeiterklasse gegenüber dem sich immer stärker rüstenden internationalen Kapital.

Was heißt also heute proletarischer Internationalismus, und warum gehört dazu unabdingbar ein gutes, klassenmäßiges Verhältnis zur Sowjetunion? Die Sowjetunion ist nicht nur das erste sozialistische Land, das den Weg in die neue Gesellschaft bahnte und über die größten Erfahrungen verfügt, sie ist heute das ökonomisch, politisch und militärisch bei weitem mächtigste sozialistische Land, das darum objektiv ein weit größeres Gewicht für die Entfaltung des revolutionären Weltprozesses hat, als jedes andere Land. Von der Stärke der Sowjetunion und der engen Verbundenheit mit ihr hängt objektiv in hohem Maße der Erfolg des Kampfes jeder der drei Hauptströme des revolutionären Weltprozesses ab. Solidarität mit den revolutionären Kräften in anderen Ländern, also proletarischer Internationalismus, muß darum notwendig ein enges, klassenmäßiges Verhältnis zur Sowjetunion einschließen.

Kann man etwa internationalistische Solidarität mit den Ländern der sozialistischen Gemeinschaft, der wichtigsten Errungenschaft der internationalen Arbeiterbewegung üben und gleichzeitig eine ablehnende oder distanzierte Haltung einnehmen zur ökonomisch, politisch und militärisch wichtigsten Kraft dieser Gemeinschaft, zum Fundament und zum Schutzschild dieser Gemeinschaft gegen jede imperialistische Bedrohung?

Kann man etwa internationalistische Solidarität mit Vietnam üben und sich dabei gegen die Sowjetunion stellen, die doch die Hauptkraft war, auf die sich Vietnam stützen konnte, und zwar in ökonomischer, politischer und militärischer Hinsicht, und die auch heute Vietnam beim Aufbau die größte Hilfe erweist?

Kann man Solidarität mit dem Volk Angolas üben und sich gleichzeitig von der Sowjetunion distanzieren, die sich gemeinsam mit dem sozialistischen Kuba als eine mächtige Kraft an der Seite des angolanischen Volkes erwies in dessen Befreiungskampf gegen das gemeinsame Komplott des US-Imperialismus, des Imperialismus anderer Länder, darunter des Imperialismus der Bundesrepublik, der südafrikanischen Rassisten und der maoistischen Führer in Peking? Die Antworten liegen auf der Hand.

Auch mit der Arbeiterklasse in den anderen entwickelten kapitalistischen Ländern ist wirkliche internationalistische Solidarität nicht möglich, wenn man sich zugleich gegen die Sowjetunion stellt. Wenn die Kommunisten, wenn die Arbeiterbewegung in den entwickelten kapitalistischen Ländern heute über neue Wege zum Sozialismus diskutieren können, darunter auch über einen Weg ohne Bürgerkrieg, und wenn diese Diskussionen nicht von vornherein Utopien sind, sondern im Bereich realer Möglichkeiten liegen, dann ist doch das veränderte ökonomische, politische und militärische Kräfteverhältnis zugunsten des Sozialismus eine ganz entscheidende Voraussetzung dafür. Jeder kann sich selbst ausrechnen, wie es um die Erfolgchancen der Arbeiterbewegung in den entwickelten kapitalistischen Ländern aussähe, wenn es diese mächtige Sowjetunion nicht gäbe. Stände dann etwa eine Regierungsbeteiligung der Kommunisten in Italien oder eine sozialistisch-kommunistische Regierung in Frankreich im Bereich des Möglichen? Der US-Imperialismus und die NATO würden gegen die Möglichkeit solcher Regierungen oder gar den Regierungsantritt selbst mit Feuer und Schwert vorgehen.

Und was jene Kräfte angeht, die uns entgegnen, sie seien ja auch für eine positive Haltung zur Sowjetunion, aber für eine Haltung „kritischer Solidarität", so antworten wir darauf, daß unser Verhältnis zu den Kommunisten aller Länder ein solidarisches Verhältnis ist. Dazu gehört aber auch, daß wir uns bei unserem Verhalten gegenüber der Politik von Bruderparteien oder von Ländern, die von Bruderparteien geführt werden, zunächst einmal auf die Informationsquellen unserer Freunde und Genossen stützen. Wir waren zu keiner Zeit bereit, uns auf die verlogene Berichterstattung nicht nur der offiziellen bürgerlichen Propaganda, sondern auch der verschiedenen sogenannten Linken zu stützen, als im Mai 1968 in Frankreich die Streiks und Studentenunruhen stattfanden. Wir haben uns damals in unserem solidarischen Verhalten gegenüber der Französischen Kommunistischen Partei eindeutig gestützt auf das, was uns die Französische Kommunistische Partei als Interpretation der Vorgänge in ihrem Lande geliefert hat. Wir halten es so auch gegenüber den Vorgängen in Italien und den anderen Ländern. Selbstverständlich betrifft das auch unser Verhalten gegenüber der Sowjetunion. Wir stützen uns bei unseren Aussagen über die Sowjetunion vor allem auf die Informationsquellen unserer sowjetischen Genossen. Welche anderen Quellen sollten wir denn benutzen? Sollen wir aus den trüben Gewässern schöpfen, die aus den bürgerlichen Abwaschküchen stammen? Sollen wir, gestützt auf solche trüben Ergüsse, etwa eine Haltung der „kritischen Solidarität" entwickeln? Hat sich denn nicht immer wieder gezeigt, daß sich die groß aufgebauschten Kampagnen gegen die Sowjetunion auf Erfindungen, Halbwahrheiten, Entstellung und Lüge stützen? Wer hatte denn recht in der Einschätzung beispielsweise Solschenizyns? Wer hatte denn recht in der Einschätzung bestimmter Leute, die nicht nur in der Sowjetunion, sondern auch nach ihrer Ausreise in die kapitalistische Welt zur psychiatrischen Behandlung in bestimmte Anstalten eingeliefert worden sind? Kurzum, wir waren nicht bereit, wir sind nicht bereit, wir werden nicht bereit sein, irgendeinem antisowjetischen Druck nachzugeben, der unter dem Vorwand der „kritischen Solidarität" nur versucht, uns zur erfolgreichsten antiimperialistischen, sozialistischen Kraft unserer Zeit in Gegensatz zu bringen, einer Kraft, deren Erfolgen wir letzten Endes nicht nur die Befreiung unseres Volkes vom Faschismus, sondern zugleich auch so vieles für den Kampf der Arbeiterklasse, der demokratischen Friedenskräfte unseres Landes in unseren Tagen verdanken.

Wir haben darum auf unserem Bonner Parteitag erklärt: „Der politische Kompaß, an dem sich die Deutsche Kommunistische Partei orientiert, zeigt weder heute noch morgen auf Distanz zum realen Sozialismus, sondern bleibt immer auf feste Verbundenheit mit der sozialistischen Welt, vor allem mit der Sowjetunion und der DDR gerichtet. Unsere Partei hält Thälmanns Devise ‚Der Prüfstein für jeden Kommunisten ist sein Verhältnis zur Sowjetunion‘ stets in Ehren und betrachtet es als vornehmste Klassenpflicht, in unserem Lande unablässig die Wahrheit über den realen Sozialismus zu verbreiten und allen – wie auch immer gearteten – Angriffen auf die Sowjetunion und die anderen sozialistischen Staaten entschieden entgegenzutreten. Das entspricht unseren historischen Erfahrungen und nationalen Interessen" (Bericht des Parteivorstandes der DKP an den Bonner Parteitag, S. 14/15).

Als nationale Kraft der Bundesrepublik Deutschland und Teil der internationalen kommunistischen Bewegung hat unsere Partei in den zurückliegenden Jahren ihre Politik im Interesse der Arbeiterklasse, der Werktätigen unseres Landes entwickelt. Wir gaben Antworten auf neu herangereifte Fragen. Dabei sind wir uns dessen bewußt, daß unter den Bedingungen des sich zugunsten der Kräfte des Friedens, der Demokratie und des Sozialismus ändernden Kräfteverhältnisses, angesichts der sich verschärfenden Krise des Kapitalismus, neue Probleme aufgeworfen werden, die neue Antworten erfordern. Unsere Partei ist stets darum bemüht, ihre Politik und Programmatik in Übereinstimmung mit diesen sich ändernden Bedingungen des Klassenkampfes weiterzuentwickeln. Ein bedeutendes Ereignis im Leben der Partei wird deshalb die vom Bonner Parteitag beschlossene Erarbeitung und breite, öffentliche Diskussion des Entwurfs des Programms der DKP sein. Die Vorbereitung des nächsten Parteitags wird im Zeichen dieser Diskussion stehen. Wir verstehen dieses Gespräch bereits als einen Beitrag zum Nachdenken über die eine oder andere Frage, die sich dabei stellen wird. Wir sind davon überzeugt, daß die in der Theorie von Marx, Engels und Lenin begründete schöpferische Kraft der DKP als marxistische Partei der Arbeiterklasse dieses Landes durch die Programm-Diskussion erneut unterstrichen wird.